발행인	허문호
발행처	YBM
편집	정윤영, 백재은
디자인	박도순
마케팅	고영노, 장은선, 김동진, 박찬경
초판발행	2025년 11월 17일
2쇄발행	2025년 12월 1일
신고일자	1964년 3월 28일
신고번호	제1964-000003호
주소	서울시 종로구 종로 104
전화	(02) 2000-0515 [구입문의] / (02) 2000-0381 [내용문의]
팩스	(02) 2285-1523
홈페이지	www.ybmbooks.com
ISBN	978-89-17-24395-6

저작권자 © 2025 YBM
서면에 의한 저자와 출판사의 허락 없이 내용의 일부 혹은 전부를 인용 및 복제하거나 발췌하는 것을 금합니다.
낙장 및 파본은 교환해드립니다. 구입 철회는 구매처 규정에 따라 교환 및 환불 처리합니다.

머리말

초중고 합쳐서 모두 12년 영어를 배웠는데 아직도?

여러분은 영어 공부에 얼마나 많은 시간을 쏟으셨나요? 학창 시절 내내 영어를 배우고도 성인이 되어 그간 배운 영어를 제대로 써먹지 못할 때 그리고 외국인에게 영어로 말 한마디 걸기 힘들 때, 저는 우리의 노력이 부족한 것이 아니라 영어 자체를 어렵게 배운 것이 문제가 아닌지 생각하게 됩니다.

실제로 우리가 학창시절에 배웠던 to부정사, 5형식, 분사 등의 문법 용어들을 원어민들에게 물어보면 이런 용어를 한 번도 들어보지 못했다고 말하는 경우가 많습니다. 하지만 그들은 to부정사나 분사를 일상의 말과 글에서 자연스럽게 사용합니다.

비슷한 예로, 대표적인 영어권 국가인 미국의 문맹률은 2023년 기준으로 (PIAAC 조사, OECD 성인 능력 평가) 약 21%로 보고된 바 있습니다. 통계에 비춰보면 미국 성인 10명 중 2명 정도는 자신의 이름도 제대로 쓰지 못하는 수준입니다.

그렇다면 우리는 어떤가요? 원어민이 하루 중 사용하는 단어들을 노트에 받아 적어보면 그 중에 우리가 모르는 단어는 거의 없을 정도로 우리의 어휘력은 이미 기초 수준을 넘어섰습니다. 그럼에도 불구하고 우리가 외국인들과 영어로 대화하는 것이 불편하다고 한다면 그동안의 학습 과정에 문제가 있다는 뜻입니다.

물론 우리가 교과서를 통해 혹은 개인적으로 그간 쌓아 올린 문법 지식, 독해력, 어휘력이 모두 쓸모 없다는 뜻은 아닙니다. 단지 우리가 배운 것들을 말로 꺼내어 쓰는 방법을 배우지 못했다는 것이 핵심 포인트입니다. 우리가 갈고 닦은 영어를 원어민이 매일 쓰는 영어 문장으로 변환할 수만 있다면 유창한 영어회화를 위한 이보다 더 빠른 지름길은 없을 것입니다.

저는 아직도 영어가 두렵거나 영어 공부를 쉽게 시작하기를 원하는 분들을 위해 이 책을 썼습니다. 기초적인 영어 지식이 없더라도 이 책만으로 바로 영어 공부를 시작할 수 있게, 특히 한국인들이 자주 헷갈리는 문법이나 표현들을 묶어서 비교하면서 그 차이점을 구분할 수 있게 구성했습니다.

뿐만 아니라, 어려운 문법 용어를 사용하지 않으면서도 최대한 초급자의 눈높이에 맞추어 구성했습니다. 또한 실전에서 바로 사용하여 말할 수 있는 필수 패턴은 물론, 영어를 써먹는 재미를 체감하도록 여행영어 문장을 부록에 더했습니다.

이제 영어가 어렵다는 변명은 그만두고, 아무쪼록 영어 공부를 다시 시작하는 마음으로 이 책을 통해 유창한 영어로 가는 쉽고 빠른 지름길을 만나시기 바랍니다.

저자 장재현

이 책의 구성과 특징

Courses 1-5 어순과 패턴을 통한 "문장의 원리 이해 ➔ 확장 ➔ 훈련"

1 제이쌤의 쇼츠 직강
휴대폰으로 QR 코드를 찍기만 하면 귀에 쏙쏙 들어오는 제이쌤의 동영상 강의로 바로 연결돼요.

2 기본 원리 이해하기
친절한 설명과 예문을 통해 각 Lesson의 핵심 포인트부터 배워보세요.

4 기본 원리 확장하기
기본 원리보다 좀 더 업그레이드된 문장을 배워보세요.

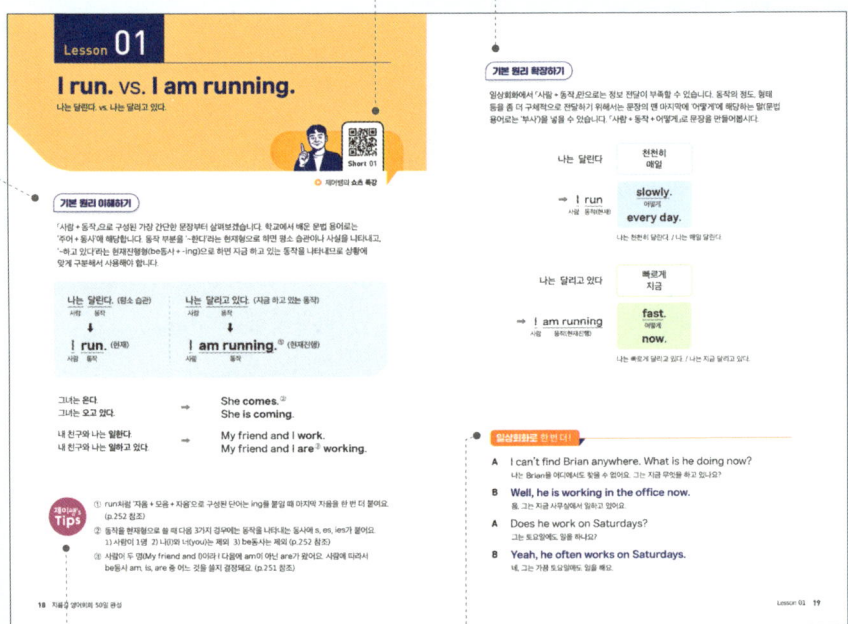

3 제이쌤's Tips
초보 학습자들의 궁금증을 시원하게 풀어줄 제이쌤의 꿀팁도 놓치지 마세요.

5 일상회화로 한 번 더!
앞에서 배운 문장들을 100% 리얼 현지 회화 속에서 만나보세요.

6 입이 열리는 쓸듯말 트레이닝

문장을 직접 쓰고 듣고 말하며 입에서
바로 나오도록 연습해 보세요.

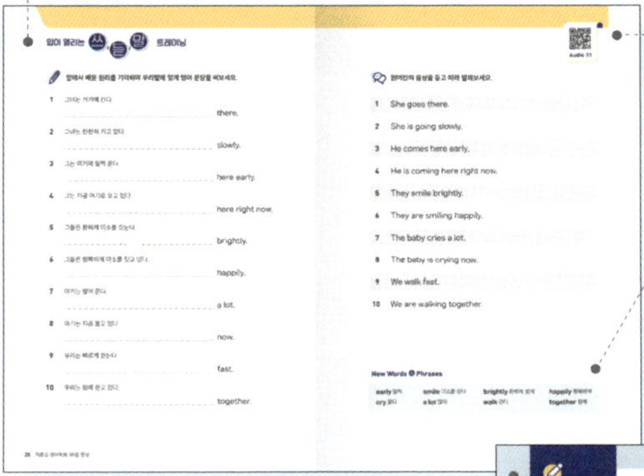

7 따라 말하기용 음성 파일

QR 코드로 연결되는 원어민 음성을
듣고 따라 말해보세요.

8 New Words & Phrases

각 Lesson에 새롭게 등장하는
일상 어휘와 표현을 통해 어휘력을
키워보세요.

9 Speaking Review

5개의 Lesson을 학습한 뒤,
배운 문장들을 다시 한 번 쓰고
듣고 말하며 입에서 술술
나올 때까지 복습해보세요.

10 2단계 훈련용 음성 파일

QR 코드로 연결되는 두 개의
음성 파일을 통해 (1단계)
원어민 음성을 반복해서 따라
말하고, (2단계) 우리말 음성을
듣고 영어로 바로 말하는 연습을
해보세요.

Special Course — 초급자를 위한 "상황별 필수 여행영어"

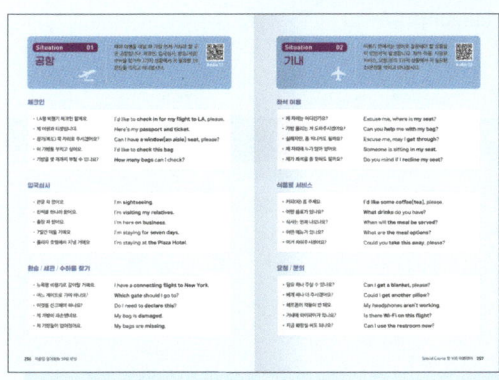

1 Situation

공항, 기내, 호텔 등 해외 여행의
다양한 상황에서 바로 써먹을 수 있는
필수 문장들을 익혀보세요.

2 따라 말하기용 음성 파일

QR 코드로 연결되는 원어민 음성을
듣고 따라 말해보세요.

이 책의 구성과 특징

목차

머리말 • 4   이 책의 구성과 특징 • 6   왕초보를 위한 기초 학습 • 12

COURSE 1

어순편 | 헷갈리지 않고 말하는 지름길

01 현재 vs. 현재진행 말하기   18
    I run. vs. I am running.

02 목적어가 있는 문장 vs. 없는 문장 말하기   22
    I run. vs. I eat pizza.

03 과거 vs. 미래 말하기   26
    I ate dinner. vs. I will eat dinner.

04 주어 설명하기: 명사 vs. 형용사   30
    I am an office worker. vs. I am happy.

05 be동사 vs. 감각동사 말하기   34
    I am happy. vs. I feel happy.

    ✎ Speaking Review Lessons 01-05   38

06 목적어 2개 vs. 목적어 1개로 말하기   40
    I give you a gift. vs. I give a gift to you.

07 '~하게 만드는' 동사 make 말하기: 상태 vs. 행동   44
    I make him sad. vs. I make him study.

08 지각동사 vs. 요구, 허락, 설득의 동사 말하기   48
    I saw you smile. vs. I want you to smile.

09 미래 계획 vs. 과거 계획 말하기   52
    I am going to call. vs. I was going to call.

10 there 말하기: 장소 vs. 존재   56
    He is there. vs. There is a boy.

    ✎ Speaking Review Lessons 06-10   60

COURSE 2

어순편 | 형태를 바꾸어 말하는 지름길

11 일반동사의 부정문 말하기: 현재 vs. 과거   64
    I don't sleep. vs. I didn't sleep.

12 일반동사의 의문문 말하기: 현재 vs. 과거   68
    Do you drink coffee? vs. Did you drink coffee?

13	be동사의 부정문 말하기: 현재 vs. 과거	72
	I'm not bored. vs. I wasn't bored.	
14	be동사의 의문문 말하기: 현재 vs. 과거	76
	Are you hungry? vs. Were you hungry?	
15	조동사로 말하기: will vs. can	80
	I will swim. vs. I can swim.	

✎ Speaking Review Lessons 11-15   84

16	Who 의문문 말하기: '누가?' vs. '누구를?'	86
	Who is she? vs. Who does she like?	
17	What 의문문 말하기: '무엇이?' vs. '무엇을?'	90
	What is your name? vs. What do you want?	
18	When 의문문 vs. Where 의문문 말하기	94
	When is your birthday? vs. Where is your home?	
19	How 의문문 말하기: 상태 vs. 방법	98
	How is the weather? vs. How do you make it?	
20	Why 의문문 말하기: be동사 vs. 일반동사	102
	Why are you late? vs. Why does he sit alone?	

✎ Speaking Review Lessons 16-20   106

COURSE 3

어순편 | 길게 확장하여 말하는 지름길

21	시간 정보 말하기: 전치사 in, on, at	110
	I was born in 1988.	
22	장소 정보 말하기: 전치사 in, on, at	114
	I live in Seoul.	
23	방향 정보 말하기: 전치사 to, from, into	118
	I went to the airport.	
24	시간의 전후관계/기간 정보 말하기: 전치사 before, after, for	122
	I take a shower before bed.	
25	동반/수반 정보 말하기: 전치사 with	126
	I live with my family.	

✎ Speaking Review Lessons 21-25   130

26	목적 말하기: to부정사 I exercise to stay healthy.	132
27	길게 연결해서 말하기: 접속사 and, but, or, so I bought bread and milk.	136
28	이유, 시간, 조건 연결해서 말하기: 접속사 because, when, if I stayed home because I was sick.	140
29	절을 연결하여 사람 설명하기: 관계대명사 who I have a friend who lives in Canada.	144
30	절을 연결하여 사물 설명하기: 관계대명사 which I ordered the laptop which is light.	148
	Speaking Review Lessons 26-30	152

COURSE 4

패턴편 | 나의 상황과 감정을 말하는 지름길

31	「I'm in+명사」로 상태/상황 말하기 I'm in trouble.	156
32	「I'm on+명사」로 일시적인 상태/활동/약속 말하기 I'm on a diet.	160
33	「I'm into+명사」로 몰입 중인 취미/활동 말하기 I'm into K-pop.	164
34	「I'm getting+형용사」로 상태/감정 변화 말하기 I'm getting angry.	168
35	「I'm glad to+동사원형」으로 행동/결과에 대한 기쁨 말하기 I'm glad to help him.	172
	Speaking Review Lessons 31-35	176
36	「I'm about to+동사원형」으로 가까운 미래의 일 말하기 I'm about to go out.	178
37	「I'm used to+명사/동명사」로 익숙한 대상/행동 말하기 I'm used to living alone.	182
38	「I'm worried about+명사/동명사」로 걱정/문제 말하기 I'm worried about gaining weight.	186
39	「I'm here to+동사원형」으로 방문 목적 말하기 I'm here to see the doctor.	190

40 「I'm trying to+동사원형」으로 목표 말하기 194
　　I'm trying to quit drinking.

　　Speaking Review Lessons 36-40 198

COURSE 5

패턴편 | 상대에게 내 의사를 말하는 지름길

41 「Don't be+형용사/명사」로 상대의 감정/태도에 조언하기 202
　　Don't be jealous.

42 「Don't even+동사원형」으로 상대의 행동 제지하기 206
　　Don't even bother.

43 「Don't let+목적어+동사원형」으로 상대에게 조언/경고하기 210
　　Don't let the food burn.

44 「Don't make me+동사원형」으로 상대에게 거절/경고하기 214
　　Don't make me wait.

45 「Don't forget to+동사원형」으로 상대에게 당부하기 218
　　Don't forget to lock the door.

　　Speaking Review Lessons 41-45 222

46 「It's kind of+형용사/명사」로 상대에게 리액션하기 224
　　It's kind of nice.

47 「It's time to+동사원형」으로 상대의 행동 유도하기 228
　　It's time to wake up.

48 「It's important to+동사원형」으로 상대의 행동/태도 조언하기 232
　　It's important to be on time.

49 「It's not that+주어+동사」로 상대에게 설명/해명하기 236
　　It's not that I'm lazy.

50 「That's why+주어+동사」로 상대에게 결과/결론 밝히기 240
　　That's why everyone likes her.

　　Speaking Review Lessons 46-50 244

Speaking Reviews Answers 246
왕초보를 위한 참고 자료 251
Special Course 참 쉬운 여행영어 256

왕초보를 위한 기초 학습

[지름길 영어회화 50일 완성] 은 초급 학습자들이 부담 없이 따라올 수 있는 쉬운 영어회화 교재입니다. 하지만 영어를 처음 공부하거나 아주 오랫동안 영어를 접하지 못하셨던 학습자분들을 위해 핵심 기초 문법만 간단히 정리해드리겠습니다.

품사

▶ '품사'란 단어를 기능이나 형태에 따라서 나눠 놓은 것으로, 영어에는 다음과 같이 총 8개의 품사가 있습니다.

명사 사람, 동물, 사물 등의 이름을 나타내는 말
예) apple, dog, Kate, America, London, book, park

대명사 동일한 명사의 반복 사용을 피하기 위해 명사를 대신해서 쓰는 말
예) I, you, he, she, it, we, they, this, that

동사 우리말의 '~하다', '~이다'로 끝나며, 사람, 동물, 사물 등의 움직임이나 상태를 나타내는 말
예) am, are, is, run, go, eat, leave, cut, study, sleep
- I **am** a boy. 나는 소년이다.
- They **run**. 그들은 달린다.

형용사 길이, 크기, 성질, 수량 등 명사의 특징이나 상태를 설명해주는 말
예) long, short, big, small, cute, beautiful, loud, quiet
- He has **long** socks. 그는 긴 양말이 있다.
- The dress is **beautiful**. 드레스가 아름답다.

| 부사 | 시간, 방법, 장소, 정도, 빈도 등의 다양한 의미를 더해 동사나 형용사, 다른 부사는 물론 문장까지 꾸며주는 말 |

예) very, much, slowly, quickly, always, well, here, today
- She is **very** happy. 그녀는 아주 행복하다.
- You can sit **here**. 너는 여기에 앉아도 된다.

| 전치사 | 명사나 대명사 앞에 와서 시간, 장소, 위치, 방향, 수단 등을 나타내는 말 |

예) at, in, under, next to, behind, with, to, by, over
- The pen is **in** the bag. 펜은 가방 안에 있다.
- I'm going **to** school. 나는 학교로 가고 있다.

| 접속사 | 단어와 단어, 구와 구, 절과 절을 연결하는 말 |

예) and, but, or, so, because, if, when, while, before
- I like coffee **and** tea. 나는 커피와 차를 좋아해.
- **If** it rains, I'll cancel the trip. 비가 오면, 나는 여행을 취소할 거야.

| 감탄사 | 문장 내에서 독립적으로 쓰이면서 놀람, 기쁨, 실망 등 사람의 감정을 나타내는 말 |

예) Wow, Oh, Oops, Ouch, Hey, Huh, Bravo, Hurray
- **Oops!** I dropped my phone. 이런! 전화기를 떨어뜨렸어.
- **Ouch!** You stepped on my toe. 아야! 네가 내 발가락을 밟았어.

영어 문장의 기본 요소

▶ 영어 문장을 구성하는 요소들을 살펴보기 전에 '단어', '구', '절', '문장'은 무엇인지 비교해드리겠습니다.

단어	의미가 있는 가장 작은 단위	주어와 동사 X 문장 X	book, run, happy
구	2개 이상의 단어가 모인 한 덩어리	주어와 동사 X 문장 X	a red apple (명사구) in the morning (전치사구) very fast (부사구)
절	구보다 더 큰 단위	주어와 동사 O 문장 또는 문장의 일부	She runs. (절 O, 문장 O) because she was tired (절 O, 문장 X)
문장	완전한 의미를 담은 단위	주어와 동사 O 시작은 대문자 끝은 마침표/물음표/느낌표	I like pizza. (평서문) Do you like milk? (의문문)

▶ 이제 문장의 기본 요소인 주어, 동사, 목적어, 보어, 수식어(구)에 대해 알아보겠습니다.

주어

- 우리말의 '~은/는/이/가'에 해당되며 문장의 주체를 나타내는 요소
- 대개 문장 맨 앞에 오며 명사(구), 대명사, to부정사(구), 동명사(구), 명사절 등이 해당

The girl arrived. 그 소녀가 도착했다.
주어(명사)

동사

- 우리말의 '~이다/하다'에 해당되며 주어의 동작이나 상태를 나타내는 요소
- 대개 주어 뒤에 오며 be동사, 일반동사, 조동사 등이 해당

The students **brought** their lunch. 학생들은 점심을 가져왔다.
일반동사

목적어

- '누가 무엇을 ~하다'에서 '무엇을'에 해당되며 동사가 의미하는 동작의 대상인 요소
- 동사의 종류에 따라 두 개의 목적어(간접목적어/직접목적어)를 갖기도 함
- 대개 동사 뒤에 오며 명사, 대명사 또는 to부정사구, 동명사구, 명사절 등이 해당

They ate **breakfast**. 그들은 아침을 먹었다.
　　　　　목적어

The woman sent **her sister** **an email**. 그 여자는 언니에게 이메일을 보냈다.
　　　　　　　　간접목적어　　직접목적어

보어

- 주어나 목적어를 보충 설명해주는 요소
- 주격보어(주어를 설명)는 동사 뒤에, 목적격보어(목적어를 설명)는 목적어 뒤에 위치하고 명사나 형용사가 해당

Jeniffer is a **dentist**. Jeniffer는 치과의사이다.
　　　　　　주격보어(명사)

People painted the wall **black**. 사람들은 벽을 검정색으로 칠했다.
　　　　　　　　목적격보어(형용사)

수식어(구)

- 꼭 필요하지는 않지만, 다른 요소들을 꾸며주어 문장의 의미를 상세하게 만드는 요소
- 형용사나 부사는 수식어, 두 단어 이상인 전치사구, to부정사구 등은 수식어구에 해당

The shop sells **old** **cameras**. 그 상점은 중고 카메라를 판다.
　　　　　형용사　명사

The men disappeared **suddenly**. 그 남자들은 갑자기 사라졌다.
　　　　동사　　　　부사

We met **at the Italian restaurant**. 우리는 이탈리아 레스토랑에서 만났다.
　　동사　　전치사구

COURSE 1

어순편 _
헷갈리지 않고
말하는 지름길

LESSONS
01 — 10

영어 공부, 늦었을 때는
빠른 지름길로!

01 I run. vs. I am running.
나는 달린다. vs. 나는 달리고 있다.

02 I run. vs. I eat pizza.
나는 달린다. vs. 나는 피자를 먹는다.

03 I ate dinner. vs. I will eat dinner.
나는 저녁을 먹었다. vs. 나는 저녁을 먹을 것이다.

04 I am an office worker. vs. I am happy.
나는 직장인이다. vs. 나는 행복하다.

05 I am happy. vs. I feel happy.
나는 행복하다. vs. 나는 행복을 느낀다.

06 I give you a gift. vs. I give a gift to you.
나는 너에게 선물을 준다. vs. 나는 선물을 너에게 준다.

07 I make him sad. vs. I make him study.
나는 그를 슬프게 만든다. vs. 나는 그를 공부하게 만든다.

08 I saw you smile. vs. I want you to smile.
나는 네가 웃는 것을 봤다. vs. 나는 네가 웃기를 원한다.

09 I am going to call. vs. I was going to call.
나는 전화할 것이다. vs. 나는 전화하려고 했다.

10 He is there. vs. There is a boy.
그는 거기에 있다. vs. 한 소년이 있다.

Lesson 01

I run. vs. I am running.
나는 달린다. vs. 나는 달리고 있다.

▶ 제이쌤의 **쇼츠 특강**

기본 원리 이해하기

「사람 + 동작」으로 구성된 가장 간단한 문장부터 살펴보겠습니다. 학교에서 배운 문법 용어로는 '주어 + 동사'에 해당합니다. 동작 부분을 '~한다'라는 현재형으로 하면 평소 습관이나 사실을 나타내고, '~하고 있다'라는 현재진행형(be동사 + -ing)으로 하면 지금 하고 있는 동작을 나타내므로 상황에 맞게 구분해서 사용해야 합니다.

나는 달린다. (평소 습관)	나는 달리고 있다. (지금 하고 있는 동작)
사람 동작	사람 동작
↓	↓
I run. (현재)	**I am running.**[①] (현재진행)
사람 동작	사람 동작

그녀는 **온다**. 그녀는 **오고 있다**.	→	She **comes**.[②] She **is coming**.
내 친구와 나는 **일한다**. 내 친구와 나는 **일하고 있다**.	→	My friend and I **work**. My friend and I **are**[③] **working**.

제이쌤's Tips

① run처럼 '자음 + 모음 + 자음'으로 구성된 단어는 ing를 붙일 때 마지막 자음을 한 번 더 붙여요. (p.252 참조)

② 동작을 현재형으로 쓸 때 다음 3가지 경우에는 동작을 나타내는 동사에 s, es, ies가 붙어요.
   1) 사람이 1명 2) 나(I)와 너(you)는 제외 3) be동사는 제외 (p.252 참조)

③ 사람이 두 명(My friend and I)이라 I 다음에 am이 아닌 are가 왔어요. 사람에 따라서 be동사 am, is, are 중 어느 것을 쓸지 결정돼요. (p.251 참조)

기본 원리 확장하기

일상회화에서 「사람 + 동작」만으로는 정보 전달이 부족할 수 있습니다. 동작의 정도, 형태 등을 좀 더 구체적으로 전달하기 위해서는 문장의 맨 마지막에 '어떻게'에 해당하는 말(문법 용어로는 '부사')을 넣을 수 있습니다. 「사람 + 동작 + 어떻게」로 문장을 만들어봅시다.

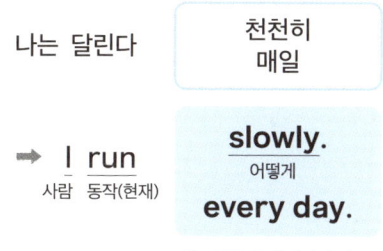

나는 천천히 달린다. / 나는 매일 달린다.

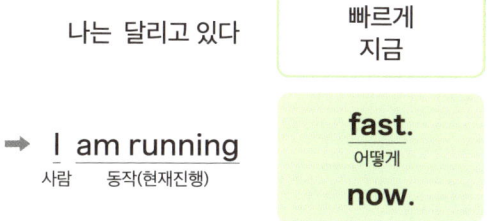

나는 빠르게 달리고 있다. / 나는 지금 달리고 있다.

일상회화로 한 번 더!

A I can't find Brian anywhere. What is he doing now?
나는 Brian을 어디에서도 찾을 수 없어요. 그는 지금 무엇을 하고 있나요?

B Well, he is working in the office now.
음, 그는 지금 사무실에서 일하고 있어요.

A Does he work on Saturdays?
그는 토요일에도 일을 하나요?

B Yeah, he often works on Saturdays.
네, 그는 가끔 토요일에도 일을 해요.

입이 열리는  트레이닝

✏️ 앞에서 배운 원리를 기억하며 우리말에 맞게 영어 문장을 써보세요.

1 그녀는 거기에 간다.
_____ there.

2 그녀는 천천히 가고 있다.
_____ slowly.

3 그는 여기에 일찍 온다.
_____ here early.

4 그는 지금 여기로 오고 있다.
_____ here right now.

5 그들은 환하게 미소를 짓는다.
_____ brightly.

6 그들은 행복하게 미소를 짓고 있다.
_____ happily.

7 아기는 많이 운다.
_____ a lot.

8 아기는 지금 울고 있다.
_____ now.

9 우리는 빠르게 걷는다.
_____ fast.

10 우리는 함께 걷고 있다.
_____ together.

💬 원어민의 음성을 듣고 따라 말해보세요.

1 She goes there.

2 She is going slowly.

3 He comes here early.

4 He is coming here right now.

5 They smile brightly.

6 They are smiling happily.

7 The baby cries a lot.

8 The baby is crying now.

9 We walk fast.

10 We are walking together.

New Words & Phrases

early 일찍	**smile** 미소를 짓다	**brightly** 환하게, 밝게	**happily** 행복하게
cry 울다	**a lot** 많이	**walk** 걷다	**together** 함께

Lesson 02

I run. vs. I eat pizza.

나는 달린다. vs. 나는 피자를 먹는다.

▶ 제이쌤의 **쇼츠 특강**

기본 원리 이해하기

'먹는다', '원한다', '만든다' 같은 동작들은 뒤에 '누구를/무엇을'에 해당하는 말이 와야 합니다. 쉽게 말해서 '을/를'로 끝나는 말이며 문법 용어로는 '목적어'라고 합니다. 이렇게 「사람 + 동작 + 누구를/무엇을」로 구성되는 문장을 앞에서 배운 「사람 + 동작」 문장과 비교해봅시다.

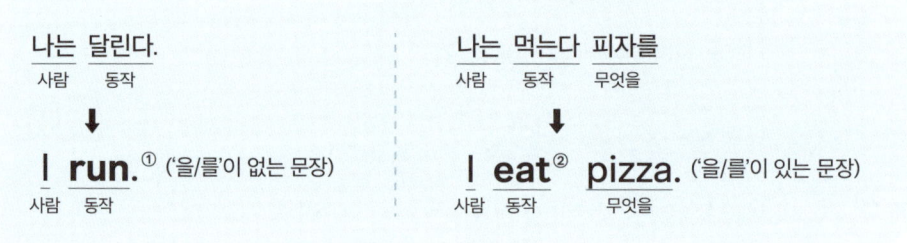

| 나는 간다. | → | I **go**. |
| 그녀는 잔다. | | She **sleeps**. |

| 그는 마신다 주스를 | → | He **drinks** juice. |
| 그들은 본다 영화를 | | They **watch** movies. |

제이쌤's **Tips**

① run처럼 뒤에 '무엇을(목적어)'이 없어도 문장이 완성되는 동작을 문법 용어로 '자동사'라고 해요.
   ex) go, come, sleep, laugh, arrive

② eat처럼 뒤에 '무엇을'이 와야 문장이 완전해지는 동작을 문법 용어로 '타동사'라고 해요.
   ex) read, write, drink, watch, buy

기본 원리 확장하기

「사람 + 동작」 문장과 「사람 + 동작 + 누구를/무엇을」 문장에 앞에서 배운 현재진행형을 적용해봅시다. 평소의 습관이나 사실을 나타낼 때는 현재형, 지금 하고 있는 동작을 나타낼 때는 현재진행형을 사용하면 됩니다.

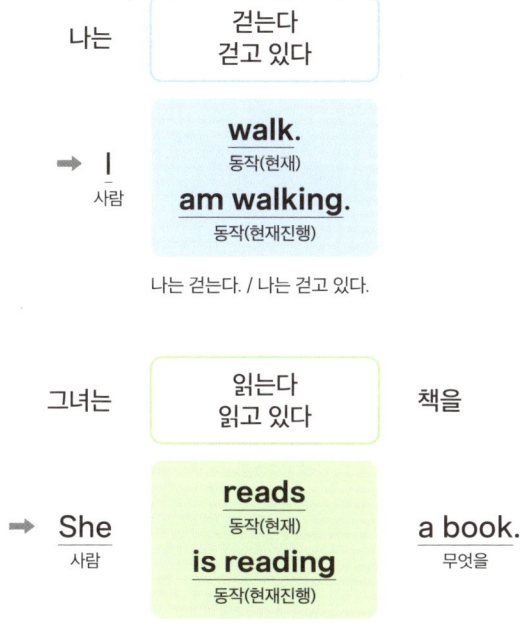

일상회화로 한 번 더!

A What do you usually do on weekends?
   당신은 보통 주말에 무엇을 하시나요?

B **Well, I read new books about space.**
   음, 저는 우주에 관한 새로운 책들을 읽어요.

A That sounds interesting. Are you reading them today?
   그거 흥미롭네요. 오늘도 책들을 읽고 있나요?

B No, not today. **I am writing a card now.**
   아니요, 오늘은 안 읽어요. 저는 지금 카드를 쓰고 있어요.

입이 열리는  트레이닝

✏️ 앞에서 배운 원리를 기억하며 우리말에 맞게 영어 문장을 써보세요.

1. 나는 밤에 잔다.
   I _____.

2. 그는 트럭을 운전한다.
   He _____.

3. 그 소년은 수영을 잘한다.
   The boy _____.

4. 나는 많은 물을 마신다.
   I _____.

5. 그들은 매일 방 청소를 한다.
   They _____.

6. 그녀는 지금 걷고 있다.
   She _____.

7. 해가 뜨고 있다.
   The sun _____.

8. 그들은 지하철을 타고 있다
   They _____.

9. 모두가 큰 소리로 웃고 있다.
   Everyone _____.

10. 그 남자는 공상 과학 영화를 보고 있다.
    The man _____.

원어민의 음성을 듣고 따라 말해보세요.

1   I sleep at night.

2   He drives a truck.

3   The boy swims well.

4   I drink a lot of water.

5   They clean the room every day.

6   She is walking now.

7   The sun is rising.

8   They are taking the subway.

9   Everyone is laughing loudly.

10 The man is watching a science fiction movie.

New Words & Phrases

clean 청소하다   rise (해가) 뜨다   take the subway 지하철을 타다
laugh (소리 내어) 웃다   loudly 큰 소리로   science fiction movie 공상 과학 영화

Lesson 03

I ate dinner.
vs. I will eat dinner.

나는 저녁을 먹었다. vs. 나는 저녁을 먹을 것이다.

▶ 제이쌤의 **쇼츠 특강**

기본 원리 이해하기

과거에 일어난 일이나 이미 끝난 행동/상태에 대해서 말하고 싶을 때는 동작을 과거형으로 바꿔서 나타냅니다. 그리고 앞으로 일어날 일이나 예정된 행동이나 상태에 대해서 말하고 싶다면 미래형(will + 동사원형)으로 쓰면 됩니다. 이때 과거형과 미래형 모두 앞에 나오는 사람이 누구인지에 관계없이 형태가 동일합니다.

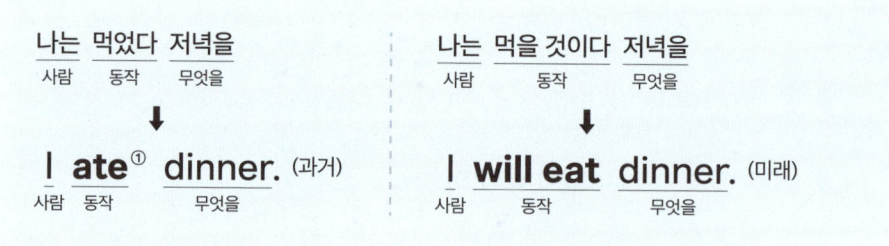

그녀는 **공부했다** 수학을
그녀는 **공부할 것이다** 수학을
→ She **studied**[2] math.
She **will study** math.

아이들은 **갔다** 소풍을
아이들은 **갈 것이다** 소풍을
→ Children[3] **went** on a picnic.
Children **will go** on a picnic.

[1] eat, go, see 등은 과거형을 만들 때 일정한 규칙을 따르지 않는 불규칙형 동작들이에요. 각 동작이 고유한 변화형을 가지기 때문에 암기를 통해 익혀야 해요. (p.253 참조)
[2] 규칙형 동작인 경우에는 동작의 원형 뒤에 ed를 붙이되, y로 끝나는 동작은 ied로 바꾸세요.
[3] children은 child의 복수형으로, 이처럼 복수형이 단순히 s가 붙지 않고 불규칙적인 명사들이 있어요. (p.251 참조)

기본 원리 확장하기

과거의 일을 나타내는 문장에는 yesterday, last ~, ~ ago 등 과거 시점을 나타내는 시간 정보를 함께 쓸 수 있어요. 그리고 미래를 나타내는 문장에는 tomorrow, soon, next ~, later 등 미래 시점을 나타내는 말을 함께 쓸 수 있다는 것도 알아둡시다.

그녀는 보냈다 이메일을 · 어젯밤에 / 일주일 전에

→ She sent an email · **last night.** 과거 시점 / **a week ago.**
　　사람　동작(과거)　무엇을

그녀는 어젯밤에 이메일을 보냈다. / 그녀는 일주일 전에 이메일을 보냈다.

그들은 수강할 것이다 요가 수업을 · 곧 / 다음 달에

→ They will take yoga classes · **soon.** 미래 시점 / **next month.**
　　사람　동작(미래)　무엇을

그들은 곧 요가 수업을 수강할 것이다. / 그들은 다음 달에 요가 수업을 수강할 것이다.

일상회화로 한 번 더!

A What did you do yesterday?
당신은 어제 무엇을 하셨나요?

B **I went on a picnic and enjoyed the beautiful weather.**
저는 소풍을 가서 아름다운 날씨를 즐겼어요.

A That's wonderful! What will you do tomorrow?
그거 멋지네요! 내일은 무엇을 하실 건가요?

B **Well, I will take yoga classes tomorrow.**
아, 저는 내일 요가 수업을 들을 거예요.

입이 열리는  트레이닝

🖉 앞에서 배운 원리를 기억하며 우리말에 맞게 영어 문장을 써보세요.

1 나는 오늘 아침에 빵을 먹었다.
_____ this morning.

2 그는 내일 책을 읽을 것이다.
_____ tomorrow.

3 그들은 지난 주말에 축구를 했다.
_____ last weekend.

4 나는 다음 주에 부모님을 찾아뵐 것이다.
_____ next week.

5 우리는 어젯밤에 영화를 봤다.
_____ last night.

6 그들은 이번 주 토요일에 바닥을 쓸 것이다.
_____ this Saturday.

7 그녀는 어제 소포를 보냈다.
_____ yesterday.

8 그 남자는 내일 아침에 그녀에게 전화할 것이다.
_____ tomorrow morning.

9 그 소녀는 이틀 전에 영어 공부를 했다.
_____ two days ago.

10 그 학생은 다음 달에 스마트폰을 살 것이다.
_____ next month.

🗨️ 원어민의 음성을 듣고 따라 말해보세요.

1 I ate bread this morning.

2 He will read a book tomorrow.

3 They played soccer last weekend.

4 I will visit my parents next week.

5 We saw a movie last night.

6 They will sweep the floor this Saturday.

7 She sent a package yesterday.

8 The man will call her tomorrow morning.

9 The girl studied English two days ago.

10 The student will buy a smartphone next month.

New Words & Phrases

play soccer 축구를 하다   visit 방문하다   parents 부모   sweep the floor 바닥을 쓸다
package 소포   call 전화하다   buy 사다

Lesson 04

I am an office worker.
vs. I am happy.

나는 직장인이다. vs. 나는 행복하다.

▶ 제이쌤의 **쇼츠 특강**

기본 원리 이해하기

'나는 직장인이다.', '나는 행복하다.'와 같은 말은 「사람 + be동사 + 정체/직업/역할」 또는 「사람 + be동사 + 상태/감정」의 문장으로 표현합니다. 정체/직업/역할을 나타내는 말로는 명사가, 상태/감정을 나타내는 말로는 형용사가 올 수 있고, 이러한 명사나 형용사를 문법 용어로는 '보어'라고 합니다.

나는	~이다	직장인		나는	~다	행복한
사람	be동사	정체/직업/역할		사람	be동사	상태/감정

↓

I	am①	an office worker.②		I	am	happy.③
사람	be동사	정체/직업/역할(명사)		사람	be동사	상태/감정(형용사)

우리는 ~이다 **쌍둥이**　　→　We are **twins.**
우리는 ~다 **바쁜**　　　　　　We are **busy.**

그것은 ~이다 **나의 잘못**　→　It is **my fault.**
저녁이 ~다 **준비된**　　　　　Dinner is **ready.**

① 주어의 인칭에 따라서 be동사는 am, are, is로 바꾸어 쓰면 돼요. (p.251 참조)
② 명사는 문장에서 사람/사물이 '무엇인지', '누구인지'를 설명해요.
③ 형용사는 사람/사물의 성질, 상태, 성격 등을 나타낼 때 사용하는 말로, 우리말에서는 단어 끝에 주로 'ㄴ'으로 끝나요.
　　ex) happy 행복한　pretty 예쁜　handsome 멋진　good 좋은

기본 원리 확장하기

이제 앞에서 배운 문장들을 과거형과 미래형으로 만들어보겠습니다. be동사가 들어간 문장을 과거시제로 바꾸기 위해서는 am, is는 was로, are는 were로 바꾸면 됩니다. 그리고 미래시제를 나타내기 위해서는 주어가 무엇이든 be동사를 will be로 바꾸기만 하면 '~일 것이다'라는 의미가 됩니다.

그는 내 친구였다. / 그는 내 친구가 될 것이다.

그 배우들은 유명했다. / 그 배우들은 유명해질 것이다.

일상회화로 한 번 더!

A How was your cooking class today?
오늘 요리 수업은 어땠어?

B We cooked for four hours. **I am tired.**
네 시간 동안이나 요리했어. 피곤해.

A That's a long time. Did you meet new people?
오랜 시간이네. 새로운 사람들을 만났어?

B **Yes, one woman was very kind. I think she will be my friend.**
응, 한 여자분이 매우 친절했어. 그녀는 내 친구가 될 것 같아.

입이 열리는  트레이닝

 앞에서 배운 원리를 기억하며 우리말에 맞게 영어 문장을 써보세요.

1 그는 나의 상사이다.
   He _____.

2 초콜릿은 달콤하다.
   The chocolate _____.

3 그것은 좋은 생각이다.
   It _____.

4 이 컴퓨터들은 비싸다.
   These computers _____.

5 그 여자는 의사였다.
   The woman _____.

6 나는 바빴다.
   I _____.

7 그들은 가수가 될 것이다.
   They _____.

8 그 남자는 유명해질 것이다.
   The man _____.

9 꽃들은 빨갛고 노랬다.
   The flowers _____.

10 저녁이 준비될 것이다.
   The dinner _____.

🗨 원어민의 음성을 듣고 따라 말해보세요.

1 He is my boss.

2 The chocolate is sweet.

3 It is a good idea.

4 These computers are expensive.

5 The woman was a doctor.

6 I was busy.

7 They will be singers.

8 The man will be famous.

9 The flowers were red and yellow.

10 The dinner will be ready.

New Words & Phrases

boss 상사   **sweet** 달콤한   **expensive** 비싼   **singer** 가수
red and yellow 빨갛고 노란

Lesson 05

I am happy. vs. I feel happy.

나는 행복하다. vs. 나는 행복을 느낀다.

▶ 제이쌤의 **쇼츠 특강**

기본 원리 이해하기

앞에서 배운 「사람 + be동사 + 정체/직업/역할」 또는 「사람 + be동사 + 상태/감정」의 문장에서 사람/사물의 상태나 변화에 대해 조금 더 구체적으로 설명하기 위해서 be동사 대신 '감각'이나 '상태 유지/변화'를 나타내는 동사도 쓸 수 있습니다. 앞에서 배운 문장과 비교해서 살펴보겠습니다.

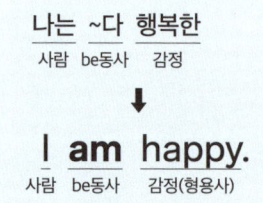 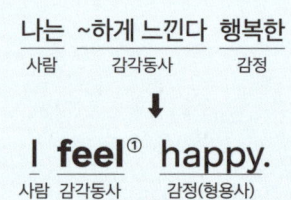

그는 ~**이다** 성인 그는 ~**이 된다** 성인 19세에	He **is** an adult. He **becomes**② an adult at 19.
날씨는 ~**다** 추운 날씨는 **여전히** ~다 추운	The weather **is** cold. The weather **remains**③ cold.

① 감각을 나타내는 동사에는 feel 이외에도 look, seem, sound, taste 등이 있어요.
② 상태 변화를 나타내는 동사에는 become, get, grow, turn, go 등이 있어요.
③ 상태 유지를 나타내는 동사에는 keep, remain, stay 등이 있어요.

기본 원리 확장하기

'감각'이나 '상태 유지/변화'를 나타내는 동사가 포함되는 문장도 과거형과 미래형으로 만들어 보겠습니다. 동사 부분만 각각 과거형, 'will + 동사원형'으로 바꾸면 됩니다.

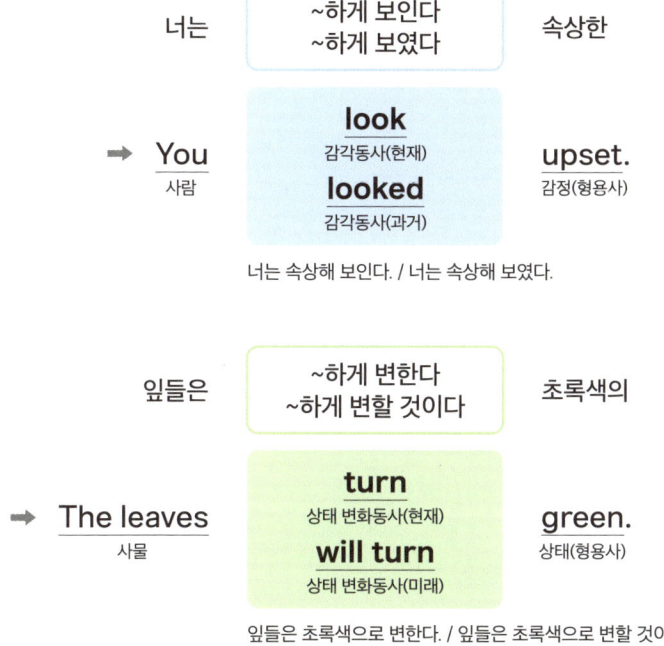

일상회화로 한 번 더!

A Is something wrong with Peter? **He looks upset.**
Peter에게 무슨 일이 있나요? 그는 속상해 보이네요.

B Well, he lost his smartphone this morning.
아, 그는 오늘 아침에 스마트폰을 잃어버렸어요.

A I think he was very stressed. **I hope he will feel better soon.**
그는 무척 스트레스를 받았겠어요. 빨리 기분이 나아지길 바라요.

B Yeah, I hope so, too.
네, 저도 그래요.

입이 열리는  트레이닝

✏️ 앞에서 배운 원리를 기억하며 우리말에 맞게 영어 문장을 써보세요.

1 나는 외로움을 느낀다.
   I _____.

2 내 여동생은 똑똑한 것 같다.
   My sister _____.

3 잎들은 노랗게 변한다.
   The leaves _____.

4 그 거리는 여전히 텅 비어 있다.
   The street _____.

5 모짜르트는 작곡가가 되었다.
   Mozart _____.

6 그들은 우승자가 될 것이다.
   They _____.

7 날씨가 점점 추워졌다.
   The weather _____.

8 나의 남동생은 점점 강해질 것이다.
   My brother _____.

9 그의 목소리는 깨끗하게 들렸다.
   His voice _____.

10 그 역사책은 계속 인기 있을 것이다.
   The history book _____.

💬 원어민의 음성을 듣고 따라 말해보세요.

1   I feel lonely.

2   My sister seems smart.

3   The leaves turn yellow.

4   The street remains empty.

5   Mozart became a composer.

6   They will become winners.

7   The weather grew cold.

8   My brother will grow strong.

9   His voice sounded clear.

10 The history book will remain popular.

New Words & Phrases

lonely 외로운	**empty** 텅 빈	**composer** 작곡가	**winner** 우승자
grow 점점 ~해지다	**sound** ~하게 들리다	**clear** 깨끗한, 또렷한	**popular** 인기 있는

Lessons 01-05
Speaking Review

지금까지 5개의 Lesson을 통해 배운 문장들을 다음 순서로 복습해봅시다.

❶ 빈칸에 영어 문장을 쓰세요.
❷ 왼쪽 QR 코드에 연결된 원어민의 발음을 듣고 따라 말하세요.
❸ 오른쪽 QR 코드에 연결된 우리말 음성을 듣고 영어로 말하세요.

1 그들은 환하게 미소를 짓는다.

2 그들은 가수가 될 것이다.

3 이 컴퓨터들은 비싸다.

4 우리는 함께 걷고 있다.

5 그들은 지난 주말에 축구를 했다.

6 그 남자는 공상 과학 영화를 보고 있다.

7 나는 오늘 아침에 빵을 먹었다.

8 그는 지금 여기로 오고 있다.

9 그들은 이번 주 토요일에 바닥을 쓸 것이다.

10 그들은 매일 방 청소를 한다. ☐ ☐ ☐

11 꽃들은 빨갛고 노랬다. ☐ ☐ ☐

12 그들은 지하철을 타고 있다. ☐ ☐ ☐

13 그녀는 거기에 간다. ☐ ☐ ☐

14 초콜릿은 달콤하다. ☐ ☐ ☐

15 날씨가 점점 추워졌다. ☐ ☐ ☐

16 나는 많은 물을 마신다. ☐ ☐ ☐

17 그 거리는 여전히 텅 비어 있다. ☐ ☐ ☐

18 그 남자는 내일 아침에 그녀에게 전화할 것이다. ☐ ☐ ☐

19 내 여동생은 똑똑한 것 같다. ☐ ☐ ☐

20 그 역사책은 계속 인기 있을 것이다. ☐ ☐ ☐

정답 p.246

Lesson 06

I give you a gift.
vs. I give a gift to you.

나는 너에게 선물을 준다. VS. 나는 선물을 너에게 준다.

Short 06

▶ 제이쌤의 **쇼츠 특강**

기본 원리 이해하기

'누구에게 ~을 준다'라는 말을 할 땐, 「사람 + 주다 + 누구에게 + 무엇을」 문장을 사용합니다. '누구에게' 자리에는 주로 사람이 오며, '무엇을' 자리에는 주로 사물이 옵니다. 의미는 동일하지만 전치사를 추가하고 단어의 순서만 바꾸어 「사람 + 주다 + 무엇을 + 전치사 + 누구」와 같이 말할 수도 있습니다.

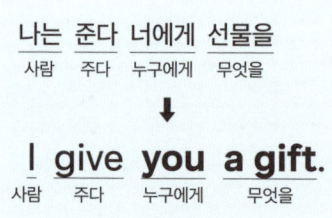
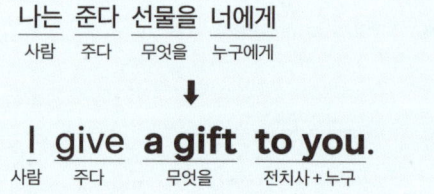

나는 보낸다 나의 상사에게 이메일을
나는 보낸다 이메일을 나의 상사에게
→ I send[①] **my boss an email.**
I send **an email to my boss.**[②]

그녀는 보여준다 우리에게 그녀의 집을
그녀는 보여준다 그녀의 집을 우리에게
→ She shows **us her house.**
She shows **her house to us.**

① make, send, buy는 각각 '만들다', '보내다', '사다'의 의미로 뒤에 '무엇을'이 오는 동사들인데, 여기에서는 '만들어주다', '보내주다', '사주다'의 의미로 해석됩니다.
② 「사람 + 주다 + 무엇을 + 전치사 + 누구」와 같이 말할 땐, '우리에게', '상사에게'와 같이 받는 대상을 더 강조하여 말하는 뉘앙스가 있어요.

기본 원리 확장하기

「사람 + 주다 + 무엇을 + 전치사 + 누구」 문장에서 give, send, show, teach 등은 전치사 to를 쓰지만, make, buy, cook 등은 전치사 for를 씁니다. 보편적으로 to는 누구에게 무엇이 '이동/전달된다', for는 누구를 '대신한다'라는 뉘앙스로 구분하면 쉬워집니다. 과거형과 미래형 문장을 만들면서 더 자세히 살펴봅시다.

일상회화로 한 번 더!

A Did you finish the work?
그 일을 다 마치셨나요?

B Yes. **Jeniffer wrote the report for me and emailed it to you.**
네. Jeniffer가 제 대신 보고서를 작성하고 이메일로 보내드렸어요.

A **So, she sent the email to me, right**?
그러면 그녀가 저에게 이메일을 보낸 거죠, 맞죠?

B Yes, that's right.
네, 맞습니다

입이 열리는  트레이닝

 앞에서 배운 원리를 기억하며 우리말에 맞게 영어 문장을 써보세요.

1 나는 내 남동생에게 연필을 주었다. (전치사 활용)
   I _____.

2 Amy는 어머니에게 꽃을 보낼 것이다. (전치사 없이)
   Amy _____.

3 그는 아내 대신 저녁식사를 요리했다. (전치사 활용)
   He _____.

4 그녀는 아이들에게 이야기를 읽어주었다. (전치사 없이)
   She _____.

5 선생님은 반 학생들에게 문법을 가르쳤다. (전치사 활용)
   The teacher _____.

6 우리는 소년에게 편지를 쓸 것이다. (전치사 없이)
   We _____.

7 나는 친구에게 음료수를 사줬다. (전치사 활용)
   I _____.

8 그녀는 나에게 쿠키를 만들어주었다. (전치사 없이)
   She _____.

9 그 남자는 우리에게 책을 보여줄 것이다. (전치사 활용)
   The man _____.

10 Josh는 그의 상사에게 이메일을 보냈다. (전치사 없이)
   Josh _____.

🗨 원어민의 음성을 듣고 따라 말해보세요.

1 I gave a pencil to my brother.

2 Amy will send her mom some flowers.

3 He cooked dinner for his wife.

4 She read her children a story.

5 The teacher taught grammar to the class.

6 We will write the boy a letter.

7 I bought a drink for my friend.

8 She made me cookies.

9 The man will show the book to us.

10 Josh sent his boss an email.

New Words & Phrases

cook 요리하다	**story** 이야기	**teach** 가르치다	**grammar** 문법
class (학급의) 학생들	**letter** 편지	**drink** 음료수	

Lesson 07

I make him sad.
vs. I make him study.

나는 그를 슬프게 만든다. vs. 나는 그를 공부하게 만든다.

▶ 제이쌤의 **쇼츠 특강**

기본 원리 이해하기

동사 make를 포함하는 「사람 + 동작 + 누구를/무엇을 + 정체/감정/상태」와 「사람 + 동작 + 누구를 + 동작」 문장을 비교해서 살펴보겠습니다. 정체/감정/상태에 해당하는 명사/형용사나 동작에 해당하는 동사는 문법에서는 보어에 해당하는데, 동작인 경우에는 동사의 원형 형태로 써야 합니다.

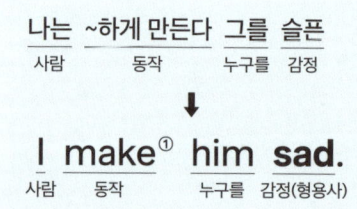 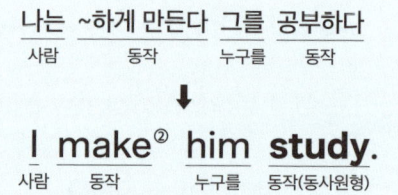

너는 ~하게 만든다 나를 화난	➡	You make me **angry**.
그녀는 ~하게 만든다 그녀의 아기를 자다	➡	She makes her baby **sleep**.
이 이야기가 ~로 만든다 그를 영웅	➡	This story makes him **a hero**.

① 「사람 + 동작 + 누구를/무엇을 + 정체/감정/상태」 문장의 make는 '누구/무엇을 어떤 상태가 되게 한다'는 의미를 가지며, 이와 같은 문장에 사용되는 동사로는 keep, find, consider, call, leave 등이 있어요.

② 「사람 + 동작 + 누구를 + 동작」 문장의 make는 '누구로 하여금 동사원형에 해당하는 동작을 하게 만든다'는 '시키다', '~하게 하다'의 의미가 있어요. 이런 동사를 문법 용어로 '사역동사'라고 해요.

기본 원리 확장하기

「사람 + 동작 + 누구를 + 동작」 문장에서 활용되는 대표적인 사역동사로는 make, have, let 등이 있는데, 각각의 뉘앙스 차이가 있습니다. 이 세 개의 동사를 활용해서 과거와 미래시제 문장을 만들어봅시다. 주의할 점은 let은 현재형도, 과거형도 let으로 형태가 동일합니다.

일상회화로 한 번 더!

A Jeremy made me angry. I will have him write the report again.
　　Jeremy가 저를 화나게 했어요. 그에게 보고서를 다시 쓰게 할게요.

B Yeah, his report was too short.
　　맞아요, 그의 보고서는 너무 짧았어요.

A Also, I will make the team stay late.
　　그리고 팀을 늦게까지 남게 할게요.

B OK. I will let everyone know.
　　알겠어요. 모두에게 알릴게요.

입이 열리는  트레이닝

앞에서 배운 원리를 기억하며 우리말에 맞게 영어 문장을 써보세요.

1 이 노래는 나를 차분하게 만든다. (make)
This song _____.

2 너는 나를 더 열심히 일하게 만든다. (make)
You _____.

3 그들은 그를 리더로 만들었다. (make)
They _____.

4 Peter는 나를 울게 만들었다. (make)
Peter _____.

5 그는 나에게 자신의 컴퓨터를 고치게 했다. (have)
He _____.

6 그녀는 자신의 비서에게 전화하게 할 것이다. (have)
She _____.

7 내 친구는 내가 그녀의 책을 빌리게 해줬다. (let)
My friend _____.

8 Mary는 그가 운전하게 할 것이다. (let)
Mary _____.

9 그들은 우리가 방을 쓰게 할 것이다. (let)
They _____.

10 그 교수는 우리가 보고서를 쓰게 할 것이다. (have)
The professor _____.

원어민의 음성을 듣고 따라 말해보세요.

1. This song makes me calm.
2. You make me work harder.
3. They made him a leader.
4. Peter made me cry.
5. He had me fix his computer.
6. She will have her assistant call.
7. My friend let me borrow her book.
8. Mary will let him drive.
9. They will let us use the room.
10. The professor will have us write a report.

New Words & Phrases

calm 차분한	**harder** 더 열심히	**leader** 리더	**fix** 고치다
assistant 비서, 조수	**borrow** 빌리다	**use** 사용하다	**report** 보고서

Lesson 08

I saw you smile.
vs. I want you to smile.

나는 네가 웃는 것을 봤다. vs. 나는 네가 웃기를 원한다.

▶ 제이쌤의 **쇼츠 특강**

기본 원리 이해하기

「사람 + 동작 + 누구를/무엇을 + 동작」 문장에서 시각, 청각, 촉각 등 감각으로 인지하는 동사가 뒤에 나오는 동작을 동사원형이나 -ing 형태로 취하는 유형, 그리고 요구, 허락, 설득, 기대 등의 의미를 갖는 동사가 뒤에 나오는 동작을 to부정사의 형태로 취하는 문장 유형을 비교해봅시다.

나는	봤다	네가	웃는[웃고 있는] 것을		나는	원한다	네가	웃기를
사람	동작	누구를	동작		사람	동작	누구를	동작

↓

I	saw	you	smile(smiling).①		I	want	you	to smile.②
사람	동작	누구를	동작(동사원형/-ing)		사람	동작	누구를	동작(to부정사)

우리는 봤다 그녀가 **여는 것을** 문을
우리는 봤다 그녀가 **열고 있는 것을** 문을
→ We saw her **open** the door.
We saw her **opening** the door.

그는 원한다 내가 **떠나기를** 일찍
나는 원했다 네가 **가기를** 나와 함께
→ He wants me **to leave** early.
I wanted you **to come** with me.

제이쌤's Tips

① 감각으로 인지하는 동사를 문법 용어로 '지각동사'라고 하며, 지각동사 뒤에 나오는 동작을 smiling처럼 -ing로 쓰면 '그 동작이 진행 중인 순간을 인지했다'라는 뉘앙스가 있어요.

② to부정사를 to 다음에 동사가 오는 것으로 단순하게 생각하면 쉬워요. 동사를 to부정사의 형태로 쓰는 이유는 한 문장 안에는 동사가 한 개만 있어야 하는 원칙 때문이에요.

기본 원리 확장하기

감각으로 인지하는 동사와 요구, 허락, 설득, 기대 등을 나타내는 동사의 대표적인 예입니다.
- 감각으로 인지하는 동사: see, watch, hear, feel, listen to
- 요구, 허락, 설득, 기대 동사: want, ask, allow, advise, expect, order

그는 벌레가 움직이는 것을 느꼈다. / 그는 벌레가 움직이고 있는 것을 들었다.

나는 그가 기다리기를 부탁했다. / 나는 그가 기다리기를 기대했다.

일상회화로 한 번 더!

A I saw your husband taking a walk this morning.
오늘 아침에 당신 남편이 산책하고 있는 걸 봤어요.

B I asked him to wait, but he refused.
남편에게 기다려 달라고 부탁했는데, 거절하더라고요.

A Oh, really?
어머, 정말요?

B He wants me to go with him, but I am too lazy to wake up.
그는 제가 함께 가기를 원하는데, 저는 너무 게을러서 못 일어나요.

입이 열리는  트레이닝

 앞에서 배운 원리를 기억하며 우리말에 맞게 영어 문장을 써보세요.

1   나는 그가 떠나는 것을 봤다.
    I _____.

2   그녀는 내가 그녀와 함께 오는 것을 원했다.
    She _____.

3   그들은 집이 흔들리고 있는 것을 느꼈다.
    They _____.

4   그녀는 John에게 파티에 가는 것을 부탁할 것이다.
    She _____.

5   그는 Kate가 문을 여는 것을 들었다.
    He _____.

6   매니저는 내가 재택 근무하는 것을 허락했다.
    My manager _____.

7   소년은 비가 내리고 있는 것을 지켜봤다.
    The boy _____.

8   의사는 나에게 충분한 휴식을 취하라고 조언할 것이다.
    The doctor _____.

9   아이들은 새들이 지저귀고 있는 것을 들었다.
    The children _____.

10 그는 동료들이 회의에 참석하는 것을 기대한다.
    He _____.

🗨️ 원어민의 음성을 듣고 따라 말해보세요.

1 I saw him leave.

2 She wanted me to come with her.

3 They felt the house shaking.

4 She will ask John to go to the party.

5 He heard Kate open the door.

6 My manager allowed me to work from home.

7 The boy watched the rain falling.

8 The doctor will advise me to get enough rest.

9 The children listened to the birds singing.

10 He expects his colleagues to attend the meeting.

New Words & Phrases

shake 흔들리다　　**allow** 허락하다, 허용하다　　**work from home** 재택 근무하다
advise 조언하다　　**get rest** 휴식을 취하다　　**colleague** 동료　　**attend** 참석하다

Lesson 09

I am going to call.
vs. I was going to call.

나는 전화할 것이다. vs. 나는 전화하려고 했다.

Short 09

▶ 제이쌤의 **쇼츠 특강**

기본 원리 이해하기

「be동사 현재형 + going to」는 '~할 것이다'라는 뜻으로 미래에 예정된 계획이나 곧 일어날 일을 나타낼 때 쓰입니다. 한편 「be동사 과거형 + going to」는 '~하려고 했다 (하지만 결과는 달랐다)'라는 의미로 과거에 계획했던 일을 나타낼 때 사용됩니다.

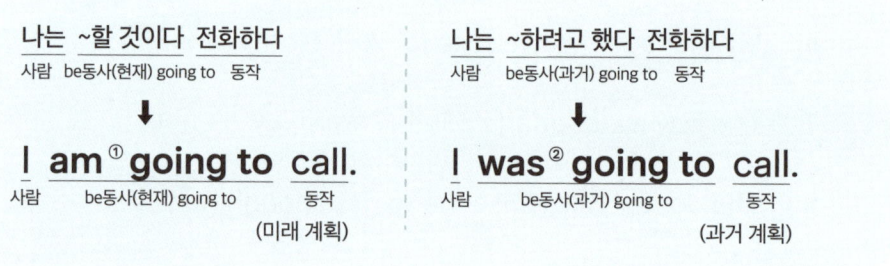

그는 ~할 것이다 수영하다 오늘
그는 ~하려고 했다 수영하다 어제
→ He **is going to** swim today.[③]
He **was going to** swim yesterday.

우리는 ~할 것이다 만나다 오늘 밤에
우리는 ~하려고 했다 만나다 지난주에
→ We **are going to** meet tonight.
We **were going to** meet last week.

① be동사는 사람에 따라 am, are, is로 바뀌어요. 그리고 우리말로는 둘 다 '~할 것이다' 이지만, 영어에서 be going to는 미리 하는 계획, will은 즉흥적인 결정으로 의미가 달라요.

② be동사를 was나 were로 바꾸어 과거시제를 만들 수 있어요.

③ 뒤에 나오는 시간 표현(today, yesterday 등)에 따라 be동사가 현재형인지 과거형인지도 달라져요.

기본 원리 확장하기

앞에서 배운 다양한 문장들과 be going to를 결합하여 좀 더 긴 문장을 만들어봅시다.

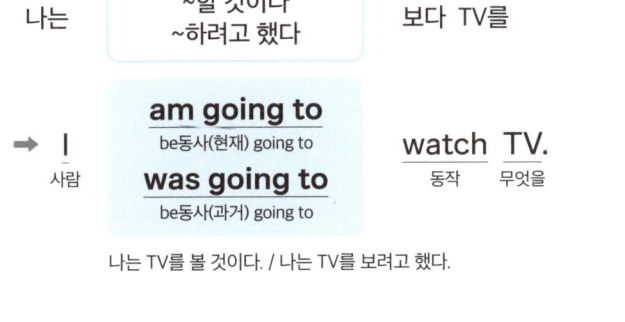

나는 TV를 볼 것이다. / 나는 TV를 보려고 했다.

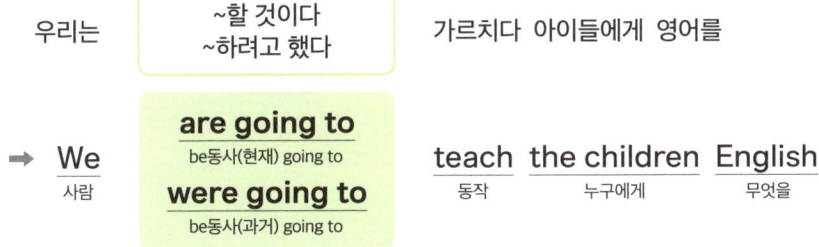

우리는 아이들에게 영어를 가르칠 것이다. / 우리는 아이들에게 영어를 가르치려고 했다.

일상회화로 한 번 더!

A I am going to bake a cake for the party.
파티를 위해 케이크를 만들 거야.

B Really? That's awesome! What kind of cake?
정말? 멋지다! 어떤 종류의 케이크인데?

A Everybody loves chocolate cake, right?
다들 초콜릿 케이크 좋아하잖아, 그렇지?

B I was going to watch TV, but I think you might need my help.
TV 보려고 했는데, 네가 도움이 필요할 것 같네.

입이 열리는  트레이닝

✏️ 앞에서 배운 원리를 기억하며 우리말에 맞게 영어 문장을 써보세요.

1 그들은 오늘 만날 것이다.
   They _____.

2 나는 창문을 수리하려고 했다.
   I _____.

3 Mike는 오늘 밤에 공부할 것이다.
   Mike _____.

4 그녀는 어제 케이크를 만들려고 했다.
   She _____.

5 우리는 너에게 영어를 가르칠 것이다.
   We _____.

6 우리는 지난 주말에 나무를 심으려고 했다.
   We _____.

7 나는 내일 영화를 볼 것이다.
   I _____.

8 그는 그녀에게 선물을 사주려고 했다.
   He _____.

9 그들은 다음 달에 새 아파트로 이사할 것이다.
   They _____.

10 그 가수는 작년 겨울에 앨범을 발매하려고 했다.
   The singer _____.

💬 원어민의 음성을 듣고 따라 말해보세요.

1 They are going to meet today.

2 I was going to fix the window.

3 Mike is going to study tonight.

4 She was going to make a cake yesterday.

5 We are going to teach you English.

6 We were going to plant trees last weekend.

7 I am going to watch a movie tomorrow.

8 He was going to buy her a present.

9 They are going to move to a new apartment next month.

10 The singer was going to release an album last winter.

New Words & Phrases

plant 심다	**watch a movie** 영화를 보다	**present** 선물
move to ~로 이사하다	**release** 출시하다, 발매하다	**album** 음반

Lesson 10

He is there.
vs. There is a boy.

그는 거기에 있다. vs. 한 소년이 있다.

▶ 제이쌤의 **쇼츠 특강**

기본 원리 이해하기

there은 문장에서 '거기에', '저기에'라는 장소를 나타내는 말로도 쓰이고, There is(are)와 같은 형태로 '~이 있다'는 '사람/사물의 존재 유무'를 나타내는 말로도 쓰입니다. 이때 there 자체는 특별한 의미가 없지만 문장 맨 앞에서 형식상 주어가 되어 문장을 완전하게 해주는 역할을 합니다.

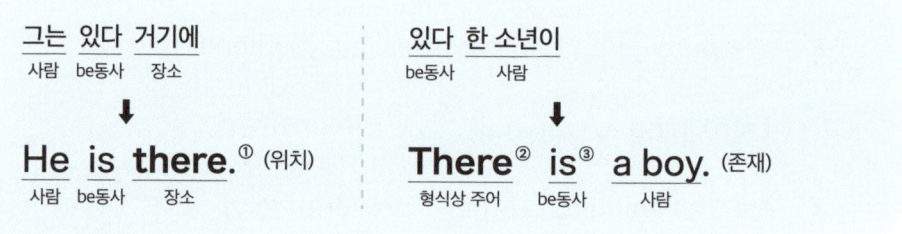

| 컵은 있다 **거기에**
있다 컵은 탁자 위에 | → | The cup is **there**.
There is a cup on the table. |
| 다섯 명의 사람들이 앉아 있다 **거기에**
있다 다섯 명의 사람들이 건물 안에 | → | Five people are sitting **there**.
There are five people in the building. |

① 장소를 나타내는 말은 대부분 문장의 맨 끝에 위치해요.
② 형식적인 주어 역할을 하는 there은 해석을 하지 않아요.
③ be동사 뒤에 오는 사람/사물이 단수명사이거나 셀 수 없는 명사일 때는 is, 복수명사이면 are를 써요.

> 기본 원리 확장하기

There is(are) 구문을 현재시제뿐만 아니라 과거, 미래시제까지 확장하여 다양한 문장을 만들어봅시다.

> 일상회화로 한 번 더!

A Good evening! Welcome to Bella Pasta. How many people?
안녕하세요! Bella Pasta에 오신 것을 환영합니다. 몇 분이신가요?

B Just two of us.
저희 둘뿐이에요.

A There is a table by the window. Would you like to sit there?
창가에 테이블이 있습니다. 거기에 앉으시겠어요?

B Yes, that sounds perfect!
네, 마음에 들어요!

입이 열리는  트레이닝

✏️ 앞에서 배운 원리를 기억하며 우리말에 맞게 영어 문장을 써보세요.

1 고양이 한 마리가 거기에 있다.
   A cat _____.

2 냉장고에 약간의 우유가 있다.
   _____ in the refrigerator.

3 도서관이 거기에 있다.
   The library _____.

4 버스에 다섯 명의 아이들이 있다.
   _____ on the bus.

5 반지가 거기에 있었다.
   The ring _____.

6 공원에 긴 줄이 있었다.
   _____ in the park.

7 세 개의 펜이 거기에 있었다.
   Three pens _____.

8 다음 주에 시험이 있을 것이다.
   _____ next week.

9 접시에 약간의 밥이 있었다.
   _____ on the plate.

10 오늘 밤 한 통의 전화가 올 것이다.
   _____ tonight.

Audio 10

💬 원어민의 음성을 듣고 따라 말해보세요.

1   A cat is there.

2   There is some milk in the refrigerator.

3   The library is there.

4   There are five children on the bus.

5   The ring was there.

6   There was a long line in the park.

7   Three pens were there.

8   There will be an exam next week.

9   There was some rice on the plate.

10 There will be a call tonight.

New Words & Phrases

| refrigerator 냉장고 | library 도서관 | ring 반지 | line 줄 |
| exam 시험 | plate 접시 | call 전화, 통화 | |

Lessons 06-10
Speaking Review

지금까지 5개의 Lesson을 통해 배운 문장들을 다음 순서로 복습해봅시다.

❶ 빈칸에 영어 문장을 쓰세요.
❷ 왼쪽 QR 코드에 연결된 원어민의 발음을 듣고 따라 말하세요.
❸ 오른쪽 QR 코드에 연결된 우리말 음성을 듣고 영어로 말하세요.

		❶	❷	❸

1 그 가수는 작년 겨울에 앨범을 발매하려고 했다.
   _____

2 우리는 지난 주말에 나무를 심으려고 했다.
   _____

3 Amy는 어머니에게 꽃을 보낼 것이다. (전치사 없이)
   _____

4 내 친구는 내가 그녀의 책을 빌리게 해줬다. (let)
   _____

5 선생님은 반 학생들에게 문법을 가르쳤다. (전치사 활용)
   _____

6 그는 나에게 자신의 컴퓨터를 고치게 했다. (have)
   _____

7 그들은 그를 리더로 만들었다. (make)
   _____

8 그 남자는 우리에게 책을 보여줄 것이다. (전치사 활용)
   _____

9 오늘 밤 한 통의 전화가 올 것이다.
   _____

Audio 10-1 | Audio 10-2

10　소년은 비가 내리고 있는 것을 지켜봤다.

11　매니저는 내가 재택 근무하는 것을 허락했다.

12　그들은 오늘 만날 것이다.

13　그녀는 아이들에게 이야기를 읽어주었다. (전치사 없이)

14　의사는 나에게 충분한 휴식을 취하라고 조언할 것이다.

15　그 교수는 우리가 보고서를 쓰게 할 것이다. (have)

16　그녀는 내가 그녀와 함께 오는 것을 원했다.

17　그녀는 어제 케이크를 만들려고 했다.

18　냉장고에 약간의 우유가 있다.

19　접시에 약간의 밥이 있었다.

20　도서관이 거기에 있다.

정답 p.246

COURSE 2 | 어순편 _ 형태를 바꾸어 말하는 지름길

LESSONS 11–20

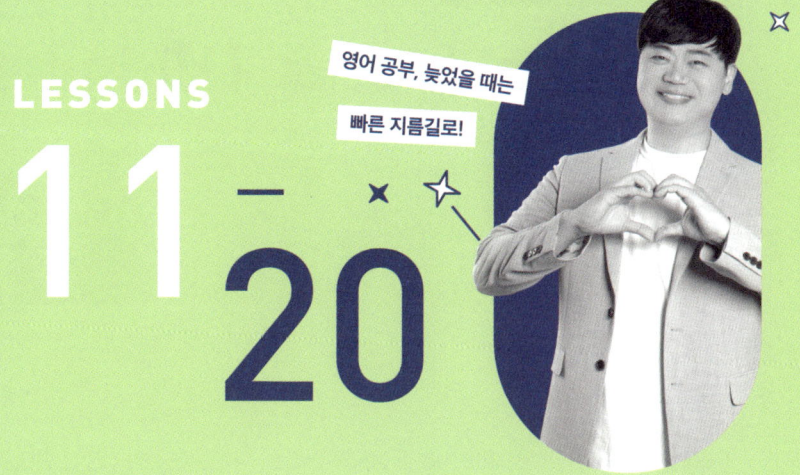

영어 공부, 늦었을 때는 빠른 지름길로!

11 I don't sleep. vs. I didn't sleep.
나는 자지 않는다. vs. 나는 자지 않았다.

12 Do you drink coffee? vs. Did you drink coffee?
커피 마시니? vs. 커피 마셨니?

13 I'm not bored. vs. I wasn't bored.
나는 지루하지 않다. vs. 나는 지루하지 않았다.

14 Are you hungry? vs. Were you hungry?
배고프니? vs. 배고팠니?

15 I will swim. vs. I can swim.
나는 수영할 것이다. vs. 나는 수영할 수 있다.

16 Who is she? vs. Who does she like?
그녀는 누구야? vs. 그녀는 누구를 좋아해?

17 What is your name? vs. What do you want?
이름이 뭐니? vs. 뭘 원하니?

18 When is your birthday? vs. Where is your home?
생일이 언제니? vs. 집은 어디니?

19 How is the weather? vs. How do you make it?
날씨 어때? vs. 그거 어떻게 만들어?

20 Why are you late? vs. Why does he sit alone?
왜 늦었니? vs. 왜 그는 혼자 앉니?

Lesson 11

I don't sleep. vs. I didn't sleep.
나는 자지 않는다. vs. 나는 자지 않았다.

▶ 제이쌤의 **쇼츠 특강**

기본 원리 이해하기

Course 2에서는 앞에서 배운 기본 문장들을 부정문, 의문문과 같이 다양한 형태로 바꿔봅시다. 우선 현재형 부정문을 만들 때는 동작 앞에 do not(don't)을 기본으로 붙이되, 사람이 3인칭 단수형인 경우에는 does not을 붙입니다. 과거형 부정문을 만들 때는 사람의 인칭과 관계 없이 동사 앞에 did not(didn't)만 붙이면 됩니다.

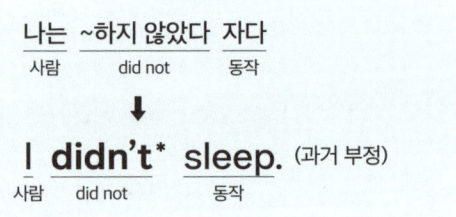

| 그는 ~하지 않는다 웃다 | ➡ | He **doesn't** laugh. |
| 그는 ~하지 않았다 웃다 | | He **didn't** laugh. |

| 그들은 ~하지 않는다 걷다 오전에 | ➡ | They **don't** walk in the morning. |
| 그들은 ~하지 않았다 걷다 오전에 | | They **didn't** walk in the morning. |

* 원어민들은 자연스럽고 빠르게 말하기 위해 일상회화에서는 아래와 같이 줄여서 말해요.
do not → don't   does not → doesn't   did not → didn't   will not → won't
참고로, 강조하여 말하기 위해 의도적으로 줄여 말하지 않는 경우도 있어요.

기본 원리 확장하기

좀 더 복잡한 문장에 don't/doesn't나 didn't를 결합하여 확장된 부정문을 만들어봅시다.

그녀는 쾌활해 보이지 않는다. / 그녀는 쾌활해 보이지 않았다.

그들은 그녀를 편안하게 만들지 않는다. / 그들은 그녀를 편안하게 만들지 않았다.

일상회화로 한 번 더!

A Do you go for a walk in the morning?
아침에 산책하러 가?

B **No, I don't walk in the morning.** I love sleeping.
아니, 난 아침에는 산책하지 않아. 나는 자는 것을 좋아하거든.

A Really? **I don't sleep much these days.**
정말? 난 요즘 잠을 많이 안 자.

B Well, you should get enough sleep.
음, 너는 잠을 충분히 자야 해.

입이 열리는  트레이닝

✏️ 앞에서 배운 원리를 기억하며 우리말에 맞게 영어 문장을 써보세요.

1 나는 밤에 간식을 먹지 않는다.
I _____.

2 그녀는 정답을 몰랐다.
She _____.

3 그는 어려 보이지 않는다.
He _____.

4 그들은 그 영화를 보지 않았다.
They _____.

5 Kate는 주말에 일하지 않는다.
Kate _____.

6 손님들은 주방을 치우지 않았다.
The guests _____.

7 그들은 겨울에 여행하지 않는다.
They _____.

8 너는 피곤해 보이지 않았다.
You _____.

9 그는 아침을 먹지 않는다.
He _____.

10 상사는 Jenny를 편안하게 해주지 않았다.
The boss _____.

Audio 11

💬 원어민의 음성을 듣고 따라 말해보세요.

1 I don't eat snacks at night.

2 She didn't know the answer.

3 He doesn't look young.

4 They didn't watch the movie.

5 Kate doesn't work on weekends.

6 The guests didn't clean the kitchen.

7 They don't travel in winter.

8 You didn't look tired.

9 He doesn't have breakfast.

10 The boss didn't make Jenny comfortable.

New Words & Phrases

eat snacks 간식을 먹다	**know** 알다	**answer** 정답	**young** 어린, 젊은
on weekends 주말에	**travel** 여행하다	**tired** 피곤한	

Lesson 12

Do you drink coffee?
vs. Did you drink coffee?

커피 마시니? vs. 커피 마셨니?

▶ 제이쌤의 **쇼츠 특강**

기본 원리 이해하기

의문문을 만들고 싶다면 문장 맨 앞에 시제나 인칭에 따라 Do/Does/Did를 두고 뒤에 사람, 동작과 그 밖의 다른 문장 성분들을 평서문의 어순 그대로 쓰면 됩니다. 이때 동작은 의문문의 시제에 상관없이 항상 동사원형으로 써야 합니다.

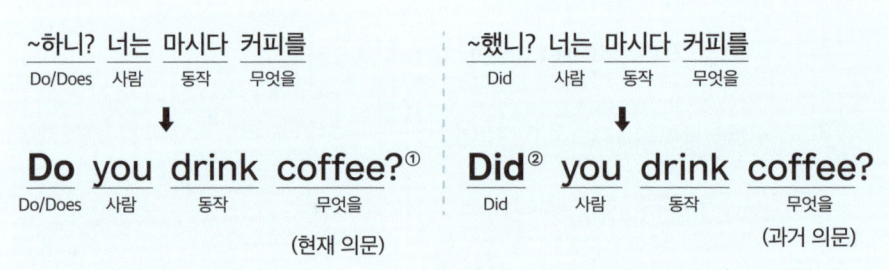

~하니? 그는 운전해서 가다 직장에
~했니? 그는 운전해서 가다 직장에
→ **Does**[3] he drive to work?
Did he drive to work?

~하니? 그들은 말하다 스페인어를 잘
~했니? 그들은 말하다 스페인어를 잘
→ **Do** they speak Spanish well?
Did they speak Spanish well?

① 현재형 의문문은 일회성 행위가 아닌 평소의 습관, 반복적인 행위 등을 묻는 용도로 쓰여요.
② 과거형 의문문은 사람의 인칭에 관계없이 Did만 써서 만들 수 있어요.
③ 사람이 3인칭 단수일 경우에는 Does를 써서 의문문을 만들 수 있어요.

기본 원리 확장하기

Do/Does/Did에 not을 붙여 Don't/Doesn't/Didn't로 시작하는 의문문을 부정의문문이라고 합니다. 부정의문문은 상대방에게 어떤 사실을 재확인하는 의도로 사용되며, 문맥에 따라 '의외'라는 뉘앙스도 포함하고 있습니다. 부정의문문에 답변할 땐, 질문의 동사가 나타내는 동작을 하면 Yes, 하지 않으면 No로 답변하면 됩니다.

일상회화로 한 번 더!

A Do you drive to work?
자가용으로 출근하세요?

B No, I usually take the bus.
아니요, 저는 보통 버스를 타요.

A But didn't you take the car to work yesterday?
그런데 어제는 차를 타고 출근하지 않았나요?

B Yes, the buses were on strike.
맞아요, 버스가 파업 중이었거든요.

입이 열리는  트레이닝

 앞에서 배운 원리를 기억하며 우리말에 맞게 영어 문장을 써보세요.

1 이 버스는 시내로 가니?

_____ downtown?

2 너는 어젯밤에 문을 잠갔니?

_____ last night?

3 그녀는 매일 아침 헬스장에 가지 않니?

_____ every morning?

4 우리는 전에 만나지 않았니?

_____ before?

5 Mike는 매운 음식을 자주 먹니?

_____ often?

6 너는 어제 그 표지판을 봤니?

_____ yesterday?

7 Jason은 매일 그녀에게 전화하지 않니?

_____ every day?

8 그들은 제시간에 도착하지 않았니?

_____ on time?

9 그 아이는 피아노를 잘 치니?

_____ well?

10 그녀가 직접 예약을 취소하지 않았니?

_____ directly?

🗨️ 원어민의 음성을 듣고 따라 말해보세요.

1 Does this bus go downtown?

2 Did you lock the door last night?

3 Doesn't she go to the gym every morning?

4 Didn't we meet before?

5 Does Mike eat spicy food often?

6 Did you see the sign yesterday?

7 Doesn't Jason call her every day?

8 Didn't they arrive on time?

9 Does the child play the piano well?

10 Didn't she cancel the reservation directly?

New Words & Phrases

downtown 시내	**lock** 잠그다	**spicy** 매운	**sign** 표지판
arrive 도착하다	**on time** 제시간에	**cancel the reservation** 예약을 취소하다	

Lesson 13

I'm not bored.
vs. I wasn't bored.

나는 지루하지 않다. vs. 나는 지루하지 않았다.

Short 13

▶ 제이쌤의 **쇼츠 특강**

기본 원리 이해하기

be동사가 들어간 문장의 부정문은 be동사 뒤에 not을 붙이기만 하면 쉽게 만들 수 있습니다. 이때, 사람의 인칭에 따라 be동사를 다르게 써야 하는 점은 주의해야 합니다.

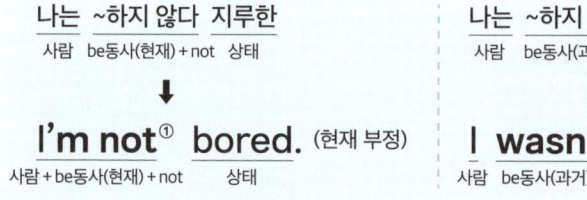
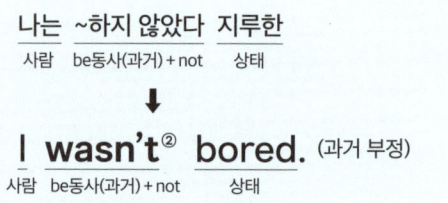

스테이크는 ~하지 않다 특별한	→	The steak **isn't** special.
스테이크는 ~하지 않았다 특별한		The steak **wasn't** special.
그 문제들은 ~하지 않다 심각한	→	The problems **aren't** serious.
그 문제들은 ~하지 않았다 심각한		The problems **weren't** serious.

제이쌤's Tips

① be동사 현재시제의 부정형은 다음과 같이 줄여 쓸 수 있어요.
I am not → I'm not   You/We/They are not → You/We/They aren't
He/She/It is not → He/She/It isn't

② be동사 과거시제의 부정형은 다음과 같이 줄여 쓸 수 있어요.
I/He/She/It was not → I/He/She/It wasn't
You/We/They were not → You/We/They weren't

일상회화에서는 줄인 형태로 더 많이 사용하지만, 강조하거나 공식적으로 말하는 경우에는 의도적으로 줄이지 않고 말하기도 해요.

기본 원리 확장하기

bored, thirsty와 같은 형용사 외에 정체/신분/역할을 나타내는 명사를 이용해서 현재, 과거시제 부정형 문장도 만들어봅시다.

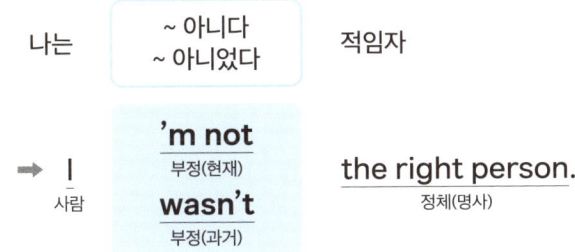

나는 적임자가 아니다. / 나는 적임자가 아니었다.

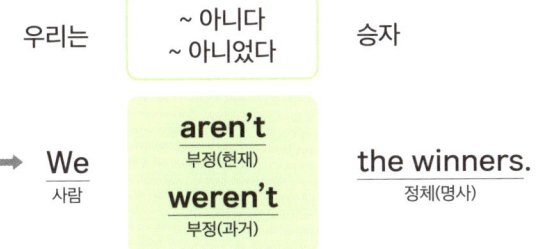

우리는 승자가 아니다. / 우리는 승자가 아니었다.

일상회화로 한 번 더!

A That restaurant was nice.
저 식당은 좋았어.

B Hmm. **Actually, I wasn't satisfied.**
음. 사실 난 만족하지 않았어.

A Really? **The steak wasn't bad.**
정말? 스테이크는 나쁘지 않았는데.

B **It wasn't bad, but it wasn't the best choice.**
스테이크는 나쁘지는 않았지만, 최상의 선택은 아니었어.

입이 열리는  트레이닝

 앞에서 배운 원리를 기억하며 우리말에 맞게 영어 문장을 써보세요.

1 나는 긴장되지 않는다.

I _____.

2 그는 좋은 리더가 아니었다.

He _____.

3 그들은 나의 딸들이 아니다.

They _____.

4 그녀는 정중하지 않았다.

She _____.

5 그 책은 특별하지 않다.

The book _____.

6 우리는 졸리지 않았다.

We _____.

7 Lisa는 가수가 아니다.

Lisa _____.

8 그는 성공하지 않았다.

He _____.

9 학생들은 키가 크지 않다.

The students _____.

10 Peter는 내 동료가 아니었다.

Peter _____.

원어민의 음성을 듣고 따라 말해보세요.

1 I'm not nervous.

2 He wasn't a good leader.

3 They aren't my daughters.

4 She wasn't polite.

5 The book isn't special.

6 We weren't sleepy.

7 Lisa isn't a singer.

8 He wasn't successful.

9 The students aren't tall.

10 Peter wasn't my colleague.

New Words & Phrases

nervous 긴장한	**daughter** 딸	**polite** 정중한	**special** 특별한
sleepy 졸린	**successful** 성공한	**tall** 키가 큰	**colleague** 동료

Lesson 14

Are you hungry? vs. Were you hungry?

배고프니? vs. 배고팠니?

▶ 제이쌤의 **쇼츠 특강**

기본 원리 이해하기

be동사가 포함된 평서문은 be동사를 문장 맨 앞으로 보내면 의문문이 됩니다. 주어 다음에 오는 말이 형용사냐, 명사냐에 따라 현재 또는 과거 시점의 정체/직업/역할, 상태/감정 등에 대해 물을 수 있습니다.

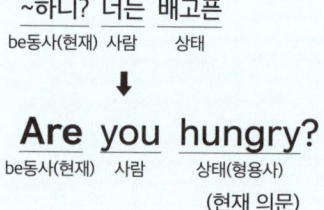

~하니? 너는 신난	→	**Are** you excited?
		Were you excited?
~했니? 너는 신난		

~이니? 그는 네 상사	→	**Is** he your boss?*
		Was he your boss?
~였니? 그는 네 상사		

* Is he your boss?라고 현재형으로 물을 땐 상사인지 확인하려는 의도로 묻는 경우도 많지만, 참견이 많은 동료나 상대에 대해 비꼬는 의도의 말이기도 해요. 특히 Are you my boss?라는 질문은 상황에 따라 '당신이 내 상사야, 뭐야?'라는 의도를 갖기도 해요.

> 기본 원리 확장하기

Is/Are/Was/Were에도 not을 붙여 Isn't/Aren't/Wasn't/Weren't로 시작하는 부정의문문을 만들 수 있어요. be동사의 부정의문문 역시 질문의 형용사나 명사에 해당하면 Yes, 그렇지 않으면 No로 답변하면 됩니다.

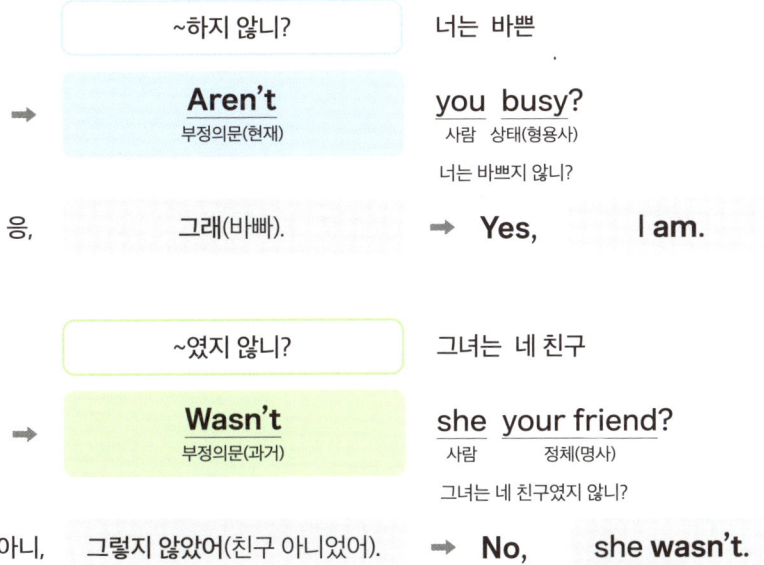

> 일상회화로 한 번 더!

A Is she the new employee? I saw her in the cafeteria.
그녀가 새로 온 직원이야? 나는 그녀를 구내 식당에서 봤어.

B Yes, she just joined last week.
응, 지난주에 갓 입사했어.

A Wasn't she busy for the last whole week?
그녀는 지난주 내내 바쁘지 않았어?

B Yes, and she was the speaker today at the presentation.
맞아, 그리고 오늘 있었던 발표의 발표자였어.

입이 열리는 쓰,들,말 트레이닝

앞에서 배운 원리를 기억하며 우리말에 맞게 영어 문장을 써보세요.

1 그것은 벌레니?
   _____?

2 너희 삼촌은 조종사였니?
   _____?

3 디저트가 맛있지 않니?
   _____?

4 시험이 어렵지 않았니?
   _____?

5 그 남자는 미국에서 유명하니?
   _____ in America?

6 지금 너의 손은 깨끗하니?
   _____ now?

7 어젯밤에 아팠니?
   _____ last night?

8 우리는 이번 시즌에 팀 동료이지 않니?
   _____ this season?

9 어제 아이들이 시끄럽지 않았니?
   _____ yesterday?

10 John은 지난 학기 너의 역사 교수님이었니?
   _____ last semester?

원어민의 음성을 듣고 따라 말해보세요.

1. Is it a bug?
2. Was your uncle a pilot?
3. Isn't the dessert delicious?
4. Wasn't the exam difficult?
5. Is the man famous in America?
6. Are your hands clean now?
7. Were you sick last night?
8. Aren't we teammates this season?
9. Weren't the kids noisy yesterday?
10. Was John your history professor last semester?

New Words & Phrases

bug 벌레	delicious 맛있는	difficult 어려운	famous 유명한
teammate 팀 동료	noisy 시끄러운	professor 교수	semester 학기

Lesson 15

I will swim. vs. I can swim.
나는 수영할 것이다. vs. 나는 수영할 수 있다.

▶ 제이쌤의 **쇼츠 특강**

기본 원리 이해하기

동작 앞에 붙어 '미래'나 '가능', '능력' 등 문장에 특별한 의미를 더해주는 will이나 can과 같은 말을 문법 용어로 '조동사'라고 합니다. 조동사는 사람의 인칭과 상관없이 형태가 변하지 않고, 조동사 뒤에 오는 동작의 형태도 항상 '원형'이어야 합니다.

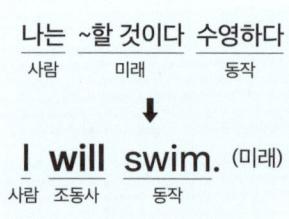
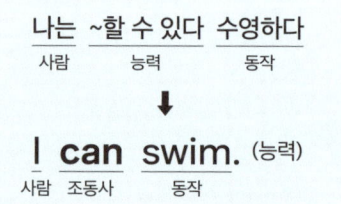

소년은 ~할 것이다 치다 피아노를
소년은 ~할 수 있다 치다 피아노를
→ The boy **will** play the piano.
　The boy **can**① play the piano.

너는 ~할 수 있다 주차하다 여기에
그것은 ~할 수 있다 위험하다
→ You **can**② park here.
　It **can**③ be dangerous.

① can은 '~할 수 있다'는 능력의 의미 외에 허가, 가능성의 의미도 있어요. 이 문장에서는 '피아노를 칠 수 있다'라는 '능력'의 의미로 쓰였어요.

② 이 문장에서의 can은 '이곳에 주차하는 것이 허용된다'라는 '허락'의 의미를 가져요.

③ 이 문장에서의 can은 '위험할 수도 (아닐 수도) 있다'는 '가능성'의 의미를 가져요.

기본 원리 확장하기

조동사가 들어간 문장은 부정문일 땐 조동사와 동사원형 사이에 not을 추가하고, 의문문일 땐 조동사만 맨 앞에 써주면 됩니다. 이때, 조동사의 부정문도 역시 will not, cannot보다는 won't, can't와 같이 줄여서 더 많이 사용하며, 의문문 Can I는 상대의 허락을 구할 때, Can you는 상대에게 도움을 청할 때 일상회화에서 잘 쓰입니다.

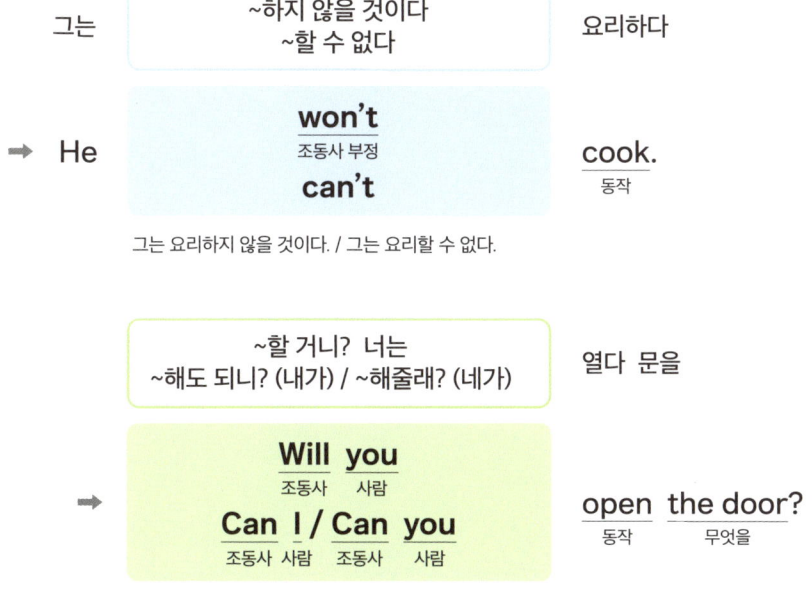

일상회화로 한 번 더!

A **Can I open the window?** It's humid in here.
창문 열어도 되니? 이 안이 습하네.

B No, you can't. The air outside isn't clean today. **So it can be dangerous.**
아니, 열면 안 돼. 오늘 바깥 공기가 깨끗하지 않아. 그래서 위험할 수 있어.

A **Then can you turn on the dehumidifier?**
그럼 제습기 좀 켜줄 수 있어?

B No problem.
물론이지.

입이 열리는 쓰,들,말  트레이닝

앞에서 배운 원리를 기억하며 우리말에 맞게 영어 문장을 써보세요.

1 그는 이탈리아 음식을 만들 것이다.
He _____.

2 Brian은 마감 전에 프로젝트를 끝낼 수 있다.
Brian _____.

3 나는 오늘 일찍 집에 가지 않을 것이다
I _____.

4 너는 내 컴퓨터를 쓰면 안 된다.
You _____.

5 땅콩 버터는 알레르기를 일으킬 수 있다.
Peanut butter _____.

6 그 기사는 사실일 리 없다.
The article _____.

7 우리가 음식을 안에 가져가도 되나요?
_____ inside?

8 Olivia는 혼자 여행할까?
_____ by herself?

9 제가 지금 창문을 열어도 될까요?
_____ now?

10 너는 오늘 밤에 내 고양이와 놀아줄 수 있니?
_____ tonight?

Audio 15

💬 원어민의 음성을 듣고 따라 말해보세요.

1 He will cook Italian food.

2 Brian can finish the project before the deadline.

3 I won't go home early today.

4 You can't use my computer.

5 Peanut butter can cause allergies.

6 The article can't be true.

7 Can we bring food inside?

8 Will Olivia travel by herself?

9 Can I open the window now?

10 Can you play with my cat tonight?

New Words & Phrases

finish 끝내다	**deadline** 마감일	**cause allergies** 알레르기를 일으키다
article 기사	**bring inside** 가지고 들어가다	**by herself** 그녀 혼자

Lesson 15 83

Lessons 11-15
Speaking Review

지금까지 5개의 Lesson을 통해 배운 문장들을 다음 순서로 복습해봅시다.

① 빈칸에 영어 문장을 쓰세요.
② 왼쪽 QR 코드에 연결된 원어민의 발음을 듣고 따라 말하세요.
③ 오른쪽 QR 코드에 연결된 우리말 음성을 듣고 영어로 말하세요.

① ② ③

1 손님들은 주방을 치우지 않았다.

2 지금 너의 손은 깨끗하니?

3 그녀는 매일 아침 헬스장에 가지 않니?

4 그들은 나의 딸들이 아니다.

5 그들은 겨울에 여행하지 않는다.

6 너는 어제 그 표지판을 봤니?

7 Peter는 내 동료가 아니었다.

8 상사는 Jenny를 편안하게 해주지 않았다.

9 Jason은 매일 그녀에게 전화하지 않니?

10 땅콩 버터는 알레르기를 일으킬 수 있다.

11 어제 아이들이 시끄럽지 않았니?

12 나는 밤에 간식을 먹지 않는다.

13 이 버스는 시내로 가니?

14 그는 성공하지 않았다.

15 우리는 이번 시즌에 팀 동료이지 않니?

16 그는 좋은 리더가 아니었다.

17 디저트가 맛있지 않니?

18 Olivia는 혼자 여행할까?

19 그는 이탈리아 음식을 만들 것이다.

20 그 기사는 사실일 리 없다.

정답 p.247

Lesson 16

Who is she?
vs. Who does she like?

그녀는 누구야? vs. 그녀는 누구를 좋아해?

▶ 제이쌤의 **쇼츠 특강**

기본 원리 이해하기

육하원칙(누가, 무엇을, 언제, 어디서, 어떻게, 왜)에 해당하는 단어를 문법 용어로 '의문사'라고 합니다. 지금까지는 주로 상대에게 '확인'을 하기 위해 묻는 의문사 없는 의문문을 배웠는데, 이제 '특정 정보'를 묻는 의문사 있는 의문문을 배워보겠습니다. 먼저 사람 정보를 묻는 Who 의문문을 be동사일 때와 일반동사일 때 각각 어떻게 만드는지 살펴봅시다.

누구	~이니?	그녀는		누구를	~하니?	그녀는	좋아하다
의문사	be동사	사람		의문사	do/does/did	사람	동작

↓

Who	is①	she?		Who②	does	she	like?
의문사	be동사	사람		의문사	do/does/did	사람	동작

누구 ~이니? 그 남자는
누구 ~였니? 그 남자는
→ Who is the man?
  Who was the man?

누구를 ~하니? 너는 만나다 매일
누구를 ~했니? 너는 만나다 어제
→ Who do you meet every day?
  Who did you meet yesterday?

제이쌤's Tips

① 「Who + be동사 + 사람?」 구조에서 be동사는 사람의 인칭과 시제에 맞게 써야 해요.
② 「Who + do/does/did + 사람 + 동작?」 구조에서는 의문사 Who가 '누구를'로 해석되며, Who 뒤의 어순은 이전에 배웠던 일반동사를 포함하는 의문문과 동일해요.

기본 원리 확장하기

의문사 Who가 '누가'로 해석될 땐, 의문사이자 문장의 '사람(주어)' 역할을 동시에 하기 때문에 do/does/did 없이 바로 동작이 옵니다. Who는 3인칭 단수 취급을 하므로 현재시제일 때는 동사에 -s가 붙습니다.

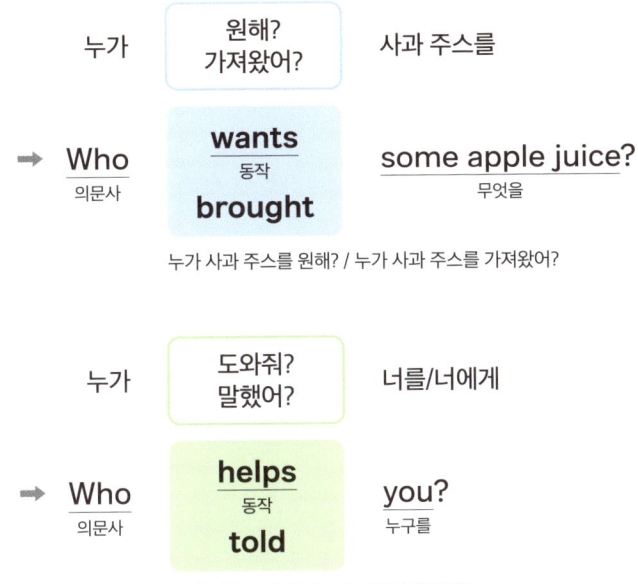

일상회화로 한 번 더!

A There are a few strangers in the meeting room. **Who are they?**
회의실에 낯선 사람들이 있어요. 그들은 누구예요?

B They are new interns in the accounting department.
그들은 회계부 새 인턴들이에요.

A **Who told you? Who did you ask?**
누가 당신에게 말해줬어요? 누구에게 물어봤어요?

B Well, nobody. I'm just guessing.
글쎄요, 아무도 말하지 않았어요. 그냥 제가 추측하는 거예요.

입이 열리는  트레이닝

 앞에서 배운 원리를 기억하며 우리말에 맞게 영어 문장을 써보세요.

1 너의 가장 친한 친구는 누구니?

2 너는 누구를 존경했니?

3 직장에서 누가 그를 돕니?

4 관리자는 누구였니?

5 너는 평일에 누구를 만나니?

6 누가 저 집에 사니?

7 너의 고객들은 누구니?

8 그는 누구를 싫어하니?

9 누가 일정을 업데이트했니?

10 네 사촌들은 누구니?

💬 원어민의 음성을 듣고 따라 말해보세요.

1 Who is your best friend?

2 Who did you admire?

3 Who helps him at work?

4 Who was the manager?

5 Who do you meet on weekdays?

6 Who lives in that house?

7 Who are your clients?

8 Who does he hate?

9 Who updated the schedule?

10 Who are your cousins?

New Words & Phrases

admire 존경하다	**at work** 직장에서	**manager** 관리자	**weekday** 평일
client 고객	**hate** 싫어하다	**update** 업데이트하다	**cousin** 사촌

Lesson 17

What is your name?
vs. What do you want?

이름이 뭐니? vs. 뭘 원하니?

▶ 제이쌤의 **쇼츠 특강**

기본 원리 이해하기

의문사 What은 기본적으로 '무엇'이라는 의미로, 주로 대상, 정보, 행동, 상황 등을 물을 때 사용됩니다. 또한 What도 Who처럼 문장에서 '무엇', '무엇이', '무엇을'로 쓰일 수 있습니다.

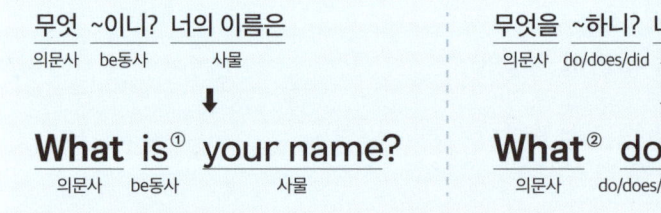

무엇 ~이었니? 시험 결과
무엇을 ~했니? 그들은 사다 상점에서
→ What were the results of the test?
What did they buy at the store?

무엇이 오니? 다음에
무엇이 일어났니? 경기장에서
→ What③ comes next?
What happened in the stadium?

① 「What + be동사 + 사람/사물?」 문장에서 be동사는 사람/사물의 인칭과 시제에 맞게 써야 해요.

② 「What + do/does/did + 사람 + 동작?」 구조에서는 의문사 What이 '무엇을'로 해석되며, What 뒤의 어순은 이전에 배웠던 일반동사를 포함하는 의문문과 동일해요.

③ 「What + 동작?」 구조에서는 What이 문장에서 '무엇이'로 해석되며, 의문사이자 주어이기 때문에 do/does/did 없이 바로 동작이 와요. What은 3인칭 단수 취급을 하므로 현재시제일때는 동작에 -s가 붙어요.

기본 원리 확장하기

의문사 What 다음에는 '명사' 또는 'kind of 명사'가 붙어 '무슨 (종류의) ~?', '어떤 (종류의) ~?'과 같이 해석되기도 합니다. What 단독으로 질문할 때보다 범위를 구체적으로 좁혀 특정한 종류, 정체, 속성에 대해서 물을 수 있습니다.

그녀는 무슨 책을 좋아하니? / 그녀는 무슨 색깔을 좋아하니?

너는 어떤 종류의 음악을 만들었니? / 너는 어떤 종류의 음식을 만들었니?

일상회화로 한 번 더!

A What was her name again?
그녀의 이름이 뭐였더라?

B I think her name was Emily.
그녀의 이름은 Emily였던 것 같은데.

A What kind of work does she do?
그녀는 어떤 종류의 일을 해?

B She's an IT engineer.
그녀는 IT 개발자야.

입이 열리는  트레이닝

앞에서 배운 원리를 기억하며 우리말에 맞게 영어 문장을 써보세요.

1 그녀의 취미는 무엇이니?

2 Frank가 뭐라고 말했니?

3 무엇이 그 소녀를 울게 만들었니?

4 그녀는 무슨 언어를 말하니?

5 너는 어떤 종류의 음악을 작곡하니?

6 너의 전화번호는 무엇이니?

7 그는 보통 무엇을 주문하니?

8 무엇이 그들에게 영감을 주니?

9 너는 무슨 팀을 응원하니?

10 그는 어떤 종류의 탄산음료를 마셨니?

원어민의 음성을 듣고 따라 말해보세요.

1. What is her hobby?
2. What did Frank say?
3. What made the girl cry?
4. What language does she speak?
5. What kind of music do you compose?
6. What is your phone number?
7. What does he usually order?
8. What inspires them?
9. What team do you support?
10. What kind of soda did he drink?

New Words & Phrases

hobby 취미　**say** 말하다　**language** 언어　**compose** 작곡하다
order 주문하다　**inspire** 영감을 주다　**support** 응원하다, 지지하다　**soda** 탄산음료

Lesson 18

When is your birthday?
vs. Where is your home?

생일은 언제니? vs. 집은 어디니?

▶ 제이쌤의 **쇼츠 특강**

기본 원리 이해하기

의문사 When은 '언제'라는 의미로 주로 시간이나 시점 등을 물을 때 사용되고, Where은 '어디'라는 의미로 장소나 위치를 물을 때 사용됩니다. 먼저 be동사가 포함되는 간단한 When 의문문과 Where 의문문을 살펴봅시다. 이때 be동사는 주어의 인칭과 시제에 맞게 사용해야 합니다.

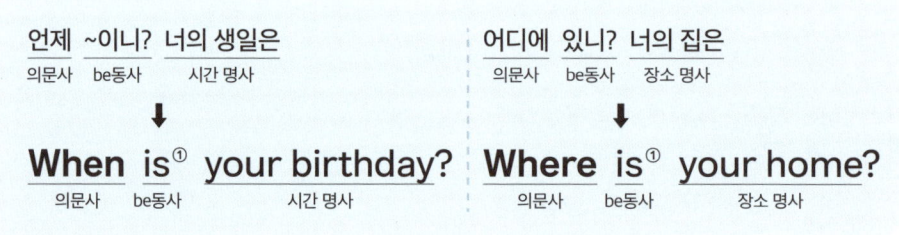

| 언제 ~니? 도서관은 운영 중인 | → | **When** is the library open?[2] |
| 언제 ~였니? 그들은 한가한 | | **When** were they free? |

| 어디에 있니? 내 열쇠들은 | → | **Where** are my keys? |
| 어디에 있었니? 참가자들은 | | **Where** were the participants? |

[1] 의문사 When과 Where이 be동사가 포함된 의문문에 사용될 땐 대부분 be동사의 의미가 '~이다', '있다'예요.

[2] When 의문문에 birthday, deadline 등의 일정이나 시간을 나타내는 명사 대신 형용사가 오는 경우도 있는데 이 경우에도 free(한가한), open(운영 중인)처럼 일정과 관련된 형용사들이 주로 쓰여요.

기본 원리 확장하기

이제 일반동사가 포함되는 When, Where 의문문을 사람(주어)의 인칭과 동작의 시제에 따라
「When/Where + do/does/did + 사람 + 동작?」의 어순으로 만들어보겠습니다.

너는 역에 언제 도착하니? / 너는 역에 언제 도착했니?

그는 어디에서 콘서트 표를 사니? / 그는 어디에서 콘서트 표를 샀니?

일상회화로 한 번 더!

A **When are you free this week?**
이번 주에 언제 시간이 되니?

B I'm free on Friday afternoon.
금요일 오후에 시간이 돼.

A Great! **Where do you want to meet?**
좋아! 어디에서 만날까?

B Let's meet at the café near the subway station.
지하철역 근처 카페에서 만나자.

입이 열리는  트레이닝

✏️ 앞에서 배운 원리를 기억하며 우리말에 맞게 영어 문장을 써보세요.

1 결혼기념일이 언제니?

2 화장실은 어디에 있니?

3 마지막 휴가가 언제였니?

4 그의 겨울 재킷들이 어디에 있니?

5 그들은 언제 일본에 있었니?

6 그들은 어디에서 식료품을 사니?

7 쇼가 언제 시작하니?

8 David는 어디에서 영어를 가르치니?

9 그들은 언제 회의를 마쳤니?

10 너는 어디에 반지들을 뒀니?

원어민의 음성을 듣고 따라 말해보세요.

1 When is your wedding anniversary?

2 Where is the restroom?

3 When was your last vacation?

4 Where are his winter jackets?

5 When were they in Japan?

6 Where do they buy their groceries?

7 When does the show start?

8 Where does David teach English?

9 When did they finish the meeting?

10 Where did you put your rings?

New Words & Phrases

wedding anniversary 결혼기념일　　**restroom** 화장실　　**vacation** 휴가
grocery 식료품　　**start** 시작하다　　**put** 놓다, 두다

Lesson 19

How is the weather?
vs. How do you make it?

날씨 어때? vs. 그거 어떻게 만들어?

Short 19

▶ 제이쌤의 **쇼츠 특강**

기본 원리 이해하기

의문사 How는 주로 be동사와 함께 '어떤'이라는 의미로 상태, 감정 등을 묻는 의문문에 사용되기도 하고, do/does/did와 함께 '어떻게'라는 의미로 방법, 경위 등을 묻는 의문문에 사용되기도 합니다.

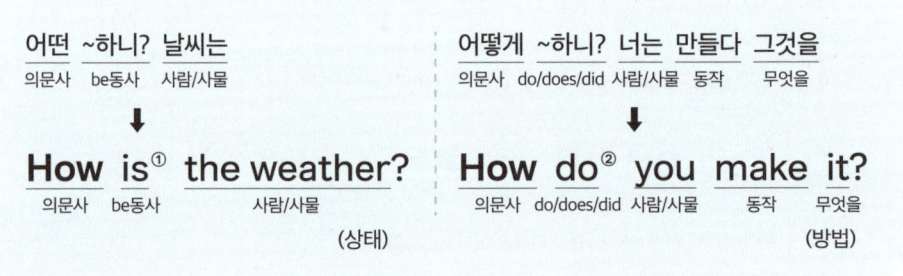

| 어떤 ~하니 너는? | → | **How** are you? |
| 어떤 ~했니? 너의 여행은 영국으로 가는 | | **How** was your trip to England? |

| 어떻게 ~하니? 너는 느끼다 오늘 | → | **How** do you feel[3] today? |
| 어떻게 ~했니? 그는 알다 그녀를 | | **How** did he know her? |

제이쌤's Tips

① 「How + be동사 + 사람/사물?」 구조에서는 의문사 How가 '어떤'으로 해석되며, be동사는 뒤에 나오는 사람/사물의 인칭과 시제에 맞게 써야 해요.

② 「How + do/does/did + 사람/사물 + 동작?」 구조에서는 의문사 How가 '어떻게'로 해석되며, 시제나 인칭에 따라 do, does, did를 맞게 써야 해요.

③ look, feel, smell 등의 감각동사와 함께 쓰여 '감정'이나 '상태'를 물을 수도 있어요.

기본 원리 확장하기

의문사 How 다음에 다양한 형용사(tall, old, good, expensive, easy, bad, busy 등), 혹은 부사(often, long, much, well, soon 등)를 함께 써서 '얼마나 ~한/하게'의 의미로 정도, 수량, 가격, 시간, 거리 등을 물을 수 있습니다.

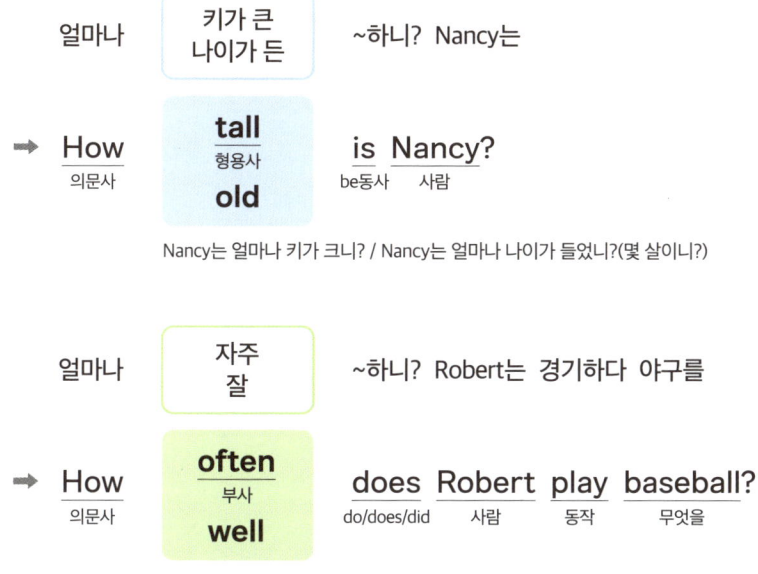

Nancy는 얼마나 키가 크니? / Nancy는 얼마나 나이가 들었니?(몇 살이니?)

Robert는 얼마나 자주 야구를 하니? / Robert는 야구를 얼마나 잘하니?

일상회화로 한 번 더!

A How was your trip to Paris?
파리 여행은 어땠어?

B It was amazing! The food, the art, the people—everything was perfect.
정말 놀라웠어요! 음식, 예술, 사람들—모든 게 완벽했어요.

A How long did you stay there?
거기 얼마나 오래 머물렀어?

B I stayed there for five days.
거기에 5일 동안 머물렀어.

입이 열리는  트레이닝

 앞에서 배운 원리를 기억하며 우리말에 맞게 영어 문장을 써보세요.

1 면접은 어땠니?

2 너는 이 양파 수프를 어떻게 만들었니?

3 이 기계는 얼마나 비싼가요?

4 그녀는 평일에 얼마나 자주 운동을 하나요?

5 프랑스 여행은 어땠니?

6 그녀는 공항에 어떻게 갔니?

7 역사 강의는 얼마나 길었니?

8 그들은 메시지에 얼마나 빠르게 대답하니?

9 오늘 아침 발표는 어땠니?

10 사람들이 스마트폰 없이 어떻게 살지?

Audio 19

💬 원어민의 음성을 듣고 따라 말해보세요.

1 How was the interview?

2 How did you make this onion soup?

3 How expensive is this machine?

4 How often does she exercise on weekdays?

5 How was your trip to France?

6 How did she get to the airport?

7 How long was the history lecture?

8 How quickly do they reply to messages?

9 How was the presentation this morning?

10 How do people live without smartphones?

New Words & Phrases

interview 면접
reply to ~에 대답하다
exercise 운동하다
presentation 발표
history lecture 역사 강의
without ~ 없이

Lesson 20

Why are you late?
vs. Why does he sit alone?

왜 늦었니? vs. 그는 왜 혼자 앉니?

▶ 제이쌤의 **쇼츠 특강**

기본 원리 이해하기

Why는 '왜', '무슨 이유로'라는 뜻을 가지는 의문사로 be동사와 함께 감정이나 상태, 또는 do/does/did와 함께 특정 행동의 원인이나 이유를 물어볼 때 사용합니다.

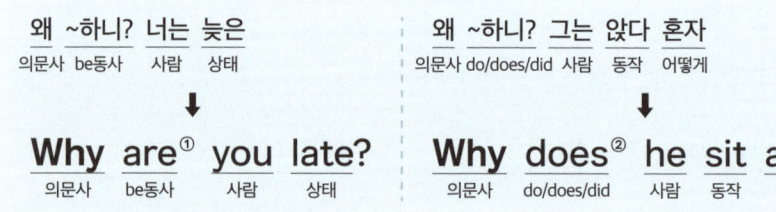

왜 ~하니? 이 커피는 이렇게 단맛이 나는
왜 ~했니? 그 문은 고장난

→ **Why** is this coffee so sweet?
Why was the door broken?

왜 ~하니? 그들은 자다 더 많이
왜 ~했니? 너는 거짓말하다 Paul에게

→ **Why** do they sleep more?
Why did you lie to Paul?

① 「Why + be동사 + 사람/사물?」 구조에서 be동사는 사람/사물의 인칭과 시제에 맞게 써야 해요.

② 「Why + do/does/did + 사람/사물 + 동작?」 구조에서는 시제나 인칭에 따라 do, does, did를 맞게 써야 해요.

기본 원리 확장하기

의문사 Why로 시작하는 부정의문문은 용도가 좀 다릅니다. 「Why + don't + you/we + 동작?」은 정말 어떤 행동을 하지 않는 이유를 묻기보다는 '~하는 게 어때?' 또는 '~하는 게 좋지 않니?'라는 제안이나 권유로 대부분 사용되고, 「Why + doesn't + he/ she + 동작?」이나 「Why + don't + they + 동작?」은 대부분 이유를 묻습니다.

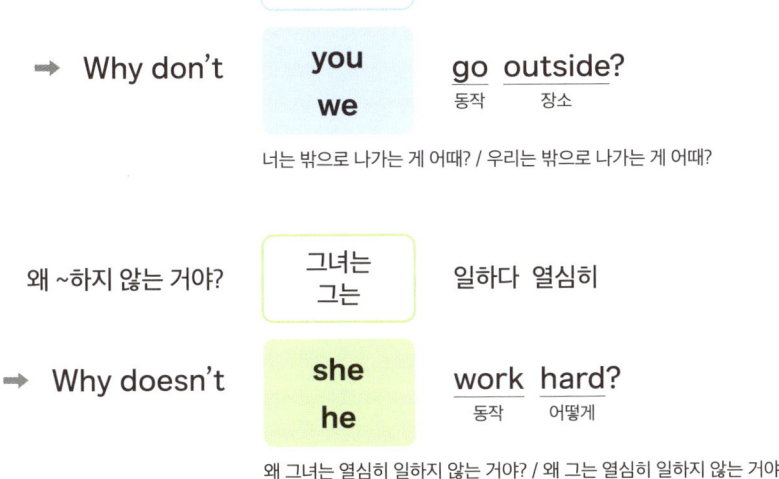

일상회화로 한 번 더!

A **Why is this soup so salty?**
이 수프는 왜 이렇게 짜지?

B I think the chef added too much salt.
요리사가 소금을 너무 많이 넣은 것 같아.

A It's hard to eat. **Why did he do that?**
먹기 힘들 정도야. 그는 왜 그렇게 했을까?

B Good question. He usually doesn't make mistakes like this.
좋은 질문이야. 보통은 이런 실수를 안 하는데.

입이 열리는  트레이닝

 앞에서 배운 원리를 기억하며 우리말에 맞게 영어 문장을 써보세요.

1 왜 거리가 텅 비었지?

2 그들은 왜 당황한 거야?

3 왜 문이 갑자기 닫혔지?

4 도움을 청해보는 게 어때?

5 그는 왜 또 늦은 거야?

6 그녀는 왜 유니폼을 입었지?

7 네 아이디어를 공유해보는 게 어때?

8 왜 창문들이 열려 있었지?

9 Timothy는 왜 그녀에게 사과한 거야?

10 왜 그는 건강한 생활습관으로 바꾸지 않는 거야?

원어민의 음성을 듣고 따라 말해보세요.

1. Why are the streets empty?
2. Why were they embarrassed?
3. Why did the door close suddenly?
4. Why don't you ask for help?
5. Why was he late again?
6. Why did she wear a uniform?
7. Why don't you share your ideas?
8. Why were the windows open?
9. Why did Timothy apologize to her?
10. Why doesn't he switch to a healthy lifestyle?

New Words & Phrases

embarrassed 당황한
apologize to ~에게 사과하다
suddenly 갑자기
switch to ~로 바꾸다
share 공유하다
healthy 건강한

Lessons 16-20
Speaking Review

지금까지 5개의 Lesson을 통해 배운 문장들을 다음 순서로 복습해봅시다.

❶ 빈칸에 영어 문장을 쓰세요.
❷ 왼쪽 QR 코드에 연결된 원어민의 발음을 듣고 따라 말하세요.
❸ 오른쪽 QR 코드에 연결된 우리말 음성을 듣고 영어로 말하세요.

1 이 기계는 얼마나 비싼가요?
   _____

2 너는 평일에 누구를 만나니?
   _____

3 결혼기념일이 언제니?
   _____

4 그는 어떤 종류의 탄산음료를 마셨니?
   _____

5 면접은 어땠니?
   _____

6 누가 저 집에 사니?
   _____

7 그들은 언제 일본에 있었니?
   _____

8 그는 보통 무엇을 주문하니?
   _____

9 그녀는 공항에 어떻게 갔니?
   _____

Audio 20-1 | Audio 20-2

10 그들은 어디에서 식료품을 사니?

11 너는 누구를 존경했니?

12 그는 왜 또 늦은 거야?

13 마지막 휴가가 언제였니?

14 네 아이디어를 공유해보는 게 어때?

15 왜 문이 갑자기 닫혔지?

16 누가 일정을 업데이트했니?

17 Timothy는 왜 그녀에게 사과한 거야?

18 그녀는 무슨 언어를 말하니?

19 그녀는 평일에 얼마나 자주 운동을 하나요?

20 무엇이 그 소녀를 울게 만들었니?

정답 p.247

COURSE 3

어순편 _
길게 확장하여
말하는 지름길

LESSONS
21 – 30

영어 공부, 늦었을 때는 빠른 지름길로!

21 **I was born in 1988.**
나는 1988년에 태어났다.

22 **I live in Seoul.**
나는 서울에 산다.

23 **I went to the airport.**
나는 공항으로 갔다.

24 **I take a shower before bed.**
나는 취침 전에 샤워를 한다.

25 **I live with my family.**
나는 가족과 함께 산다.

26 **I exercise to stay healthy.**
나는 건강을 유지하기 위해 운동한다.

27 **I bought bread and milk.**
나는 빵과 우유를 샀다.

28 **I stayed home because I was sick.**
나는 아팠기 때문에 집에 있었다.

29 **I have a friend who lives in Canada.**
나는 캐나다에 사는 친구가 있다.

30 **I ordered the laptop which is light.**
나는 가벼운 노트북을 주문했다.

Lesson 21

I was born in 1988.
나는 1988년에 태어났다.

▶ 제이쌤의 **쇼츠 특강**

기본 원리 이해하기

영어 문장에서 시간, 장소, 방향, 위치 등의 부가 정보를 나타낼 때 in, on, at, under, to, from 등과 같은 전치사를 사용하게 됩니다. 먼저 시간 정보를 나타낼 때 가장 많이 사용하는 in, on, at을 활용하는 방법을 알아봅시다.

나는 태어났다 <u>1988년에</u>
　　　　　　　시간 정보
↓
I was born **in 1988.**①
　　　　　 전치사 + 명사(시간)

나는 바빴다 **12월에**	➡	I was busy **in**② **December**.
그녀는 파티가 있다 **금요일에**	➡	She has a party **on**② **Friday**.
그는 해변으로 갔다 **11시에**	➡	He went to the beach **at**② **11**.

① 전치사와 명사가 한 덩어리를 이루는 시간 정보는 대체로 영어 문장의 끝 부분에 위치해요.

② 시간의 전치사라고 해도 각 전치사마다 쓰임새가 다르기 때문에 혼용하여 사용하면 틀린 영어가 돼요.
　on/at December (X)　　in/at Friday (X)　　in/on 11 (X)
　in, on, at의 구분법은 다음 페이지에서 상세히 알려드릴게요.

> 기본 원리 확장하기

일반적으로 전치사 in, on, at의 가장 쉬운 구분법은 in은 큰 규모의 시간(연도, 월, 계절 등), on은 달력에 동그라미를 그릴 수 있는 특정한 날(요일, 날짜, OO day), at은 정확한 시각이나 시점(정오, 6시, 점심시간 등)을 나타내는 말 앞에 오는 것입니다.

그녀는 아팠다 | 1월에 / 생일에

➡ She was sick **in** January.
전치사 + 명사(시간)
on her birthday.

그녀는 1월에 아팠다. / 그녀는 생일에 아팠다.

우리는 그를 만났다 | 5월 20일에 / 3시에

➡ We met him **on** May 20th.
전치사 + 명사(시간)
at 3 o'clock.

우리는 5월 20일에 그를 만났다. / 우리는 3시에 그를 만났다.

> 일상회화로 한 번 더!

A I'm planning a small party on May 5th.
5월 5일에 작은 파티를 계획하고 있어.

B What time will it start?
파티는 몇 시에 시작할 거니?

A It will start at noon.
정오에 시작할 거야.

B Then, I'll come over to your place in the morning and help you.
그럼 내가 오전에 너희 집에 가서 도울게.

입이 열리는  트레이닝

✏️ 앞에서 배운 원리를 기억하며 우리말에 맞게 영어 문장을 써보세요.

1. 우리는 여름에 휴가를 갔다.
   We _____.

2. Vicky는 생일에 집에 왔다.
   Vicky _____.

3. 아이들은 9시에 잠자리에 든다.
   The children _____.

4. 나는 오후에 졸리다.
   I _____.

5. 우리 항공편은 크리스마스날이다.
   Our flight _____.

6. David는 자정에 이상한 소리를 들었다.
   David _____.

7. 많은 사람들이 5월에 등산을 간다.
   Many people _____.

8. 연극은 오후 7시에 시작한다.
   The play _____.

9. 월요일에 큰 폭풍이 있었다.
   There _____.

10. 쌍둥이는 1988년에 태어났다.
    The twins _____.

Audio 21

💬 원어민의 음성을 듣고 따라 말해보세요.

1   We went on vacation in the summer.

2   Vicky came home on her birthday.

3   The children go to bed at 9.

4   I feel sleepy in the afternoon.

5   Our flight is on Christmas Day.

6   David heard a strange noise at midnight.

7   Many people go hiking in May.

8   The play starts at 7 p.m.

9   There was a big storm on Monday.

10 The twins were born in 1988.

New Words & Phrases

go on vacation 휴가를 가다   flight 항공편   strange 이상한   noise 소리
midnight 자정   go hiking 등산을 가다   play 연극   storm 폭풍

Lesson 22

I live in Seoul.

나는 서울에 산다.

▶ 제이쌤의 **쇼츠 특강**

기본 원리 이해하기

전치사 in, on, at은 앞에서 배운 것처럼 시간 정보도 나타내지만, '~에(서)'라는 장소 정보도 나타낼 수 있습니다. 이 경우에도 각 전치사의 의미와 뉘앙스, 사용 범위를 구분하여 사용해야 합니다.

나는 산다 서울에
장소 정보
↓
I live **in Seoul.**
전치사 + 명사(장소)

그녀는 머물 것이다 호텔에	➡	She will stay **in**[1] the hotel.
그는 그림을 걸었다 벽에	➡	He hung a painting **on**[2] the wall.
우리는 Jimmy를 만났다 모퉁이에서	➡	We met Jimmy **at**[3] the corner.

제이쌤's Tips

① 이 문장에서 전치사 in은 어느 장소의 '내부에 있다'는 의미를 나타내요.
② 전치사 on은 어떤 것의 표면에 붙어 있거나 접촉한 상태의 '~ 위에'라는 의미를 나타내요.
③ 전치사 at은 특정 지점이나 장소를 나타내는 명사 앞에 와서 '~에(서)'라는 의미를 나타내요. in, on, at의 구분법은 다음 페이지에서 상세히 알려드릴게요.

> **기본 원리 확장하기**

장소의 전치사 in, on, at의 가장 쉬운 구분법은 in은 큰 공간의 내부나 비교적 넓은 장소(건물, 나라, 도시, 상자, 차량 내부 등), on은 붙어 있거나 올려져 있는 무언가의 표면(책상, 바닥, 벽 등), at은 특정한 한 지점이나 비교적 좁은 장소(집, 주소, 모임/행사 장소 등)를 나타내는 말 앞에 오는 것입니다.

고양이는 있었다   공원에 / 바닥 위에

→ A cat was **in** the park.
전치사 + 명사(장소)
on the floor.

고양이는 공원에 있었다. / 고양이는 바닥 위에 있었다.

나는 열쇠를 두었다   탁자 위에 / 프런트 데스크에

→ I put my key **on** the table.
전치사 + 명사(장소)
at the front desk.

나는 탁자 위에 열쇠를 두었다. / 나는 프런트 데스크에 열쇠를 두었다.

> **일상회화로 한 번 더!**

A Where are my books?
내 책들은 어디에 있니?

B **I put them on the table yesterday.**
내가 어제 탁자 위에 두었어.

A I can't find them anywhere.
어디에서도 못 찾겠어.

B Sorry. **They are in my car.**
미안해. 책들이 내 차 안에 있어.

입이 열리는  트레이닝

✏️ 앞에서 배운 원리를 기억하며 우리말에 맞게 영어 문장을 써보세요.

1 수조 안에 물고기들이 있다.
There _____.

2 내 노트북은 침대 위에 있다.
My laptop _____.

3 그녀는 버스 정류장에서 기다리고 있다.
She _____.

4 아이들은 마당에서 놀고 있다.
The kids _____.

5 접시들은 조리대 위에 있다.
The dishes _____.

6 나는 모퉁이에서 Christina를 봤다.
I _____.

7 열쇠는 가죽 가방 안에 있다.
The keys _____.

8 그는 바닥에 사과 주스를 쏟았다.
He _____.

9 누군가가 문 앞에 서 있다.
Someone _____.

10 그의 친척들은 런던에 산다.
His relatives _____.

💬 원어민의 음성을 듣고 따라 말해보세요.

1 There are fish in the water tank.

2 My laptop is on the bed.

3 She is waiting at the bus stop.

4 The kids are playing in the yard.

5 The dishes are on the counter.

6 I saw Christina at the corner.

7 The keys are in the leather bag.

8 He spilled apple juice on the floor.

9 Someone is standing at the door.

10 His relatives live in London.

New Words & Phrases

water tank 수조　　**laptop** 노트북　　**yard** 마당　　**dish** 접시
counter 조리대　　**spill** 쏟다, 흘리다　　**relative** 친척

Lesson 23

I went to the airport.
나는 공항으로 갔다.

▶ 제이쌤의 쇼츠 특강

기본 원리 이해하기

전치사 to, from, into는 방향을 나타내는 전치사입니다. to는 '~로', from은 '~로부터', '~에서', 그리고 into는 '~ (안)으로'의 뜻을 가집니다. 각 전치사의 의미와 뉘앙스, 사용 범위를 하나씩 살펴봅시다.

나는 갔다 공항으로
　　　　　방향/이동 정보
↓
I went **to**① **the airport.**
　　　　전치사 + 명사(장소)

그는 여행을 갈 것이다 **뉴욕으로**	➡	He will travel **to New York.**
그녀는 걸어온다 **은행에서부터**	➡	She walks **from**② **the bank.**
소년은 뛰어들었다 **호수로**	➡	The boy jumped **into**③ **the lake.**

① 전치사 to는 어떤 장소로 이동하거나 그 장소를 목적지로 두고 향할 때 써요.
② 전치사 from은 출발지점이나 출처를 나타낼 때 써요.
③ 전치사 into는 밖에서 안으로 이동하는 동작을 강조할 때 써요.

기본 원리 확장하기

방향/이동의 전치사 to, from, into의 가장 쉬운 구분법은 to는 이동하는 장소나 방향, from은 어떤 동작이 시작된 출발점이나 출처, into는 밖에서 안쪽으로 이동하는 동작을 강조할 때 쓴다는 것입니다.

나는 뛰었다 | 역으로 / 도서관에서부터

→ I ran **to** the station.
   전치사 + 명사(장소)
   from the library.

나는 역으로 뛰었다. / 나는 도서관에서부터 뛰었다.

그 자동차는 달렸다 | 다른 도시에서부터 / 터널 안으로

→ The car drove **from** another city.
   전치사 + 명사(장소)
   into the tunnel.

그 자동차는 다른 도시에서부터 달렸다. / 그 자동차는 터널 안으로 달렸다.

일상회화로 한 번 더!

A Where are you going?
년 어디 가는 중이니?

B I'm going to the post office to send a package.
소포를 보내려고 우체국에 가고 있어.

A I see. Did you come from home?
그렇구나. 집에서 오는 거니?

B No, I came from the hospital.
아니, 병원에서 왔어.

입이 열리는  트레이닝

앞에서 배운 원리를 기억하며 우리말에 맞게 영어 문장을 써보세요.

1 우리는 기차역으로 뛰어가고 있었다.
   We _____.

2 캐나다에서 소포가 도착했다.
   The package _____.

3 나는 방 안으로 의자를 밀어넣었다.
   I _____.

4 그는 오늘 아침에 공원까지 걸어갔다.
   He _____.

5 그녀는 나무에서 사과 하나를 땄다.
   She _____.

6 나는 그릇 안에 우유를 부었다.
   I _____.

7 그들은 다음 달에 중국으로 여행 갈 것이다.
   They _____.

8 그 냄새는 주방에서부터 오고 있다.
   The smell _____.

9 나는 쓰레기를 쓰레기통 안에 버렸다.
   I _____.

10 그의 가족은 더 큰 집으로 이사를 갔다.
   His family _____.

Audio 23

💬 원어민의 음성을 듣고 따라 말해보세요.

1 We were running to the train station.

2 The package arrived from Canada.

3 I pushed the chair into the room.

4 He walked to the park this morning.

5 She picked an apple from the tree.

6 I poured milk into my bowl.

7 They will travel to China next month.

8 The smell is coming from the kitchen.

9 I threw the trash into the bin.

10 His family moved to a bigger house.

New Words & Phrases

push 밀다	**pick** (사과를) 따다	**pour** 붓다	**bowl** 그릇
smell 냄새	**throw** 버리다	**trash** 쓰레기	**bin** 쓰레기통

Lesson 24

I take a shower before bed.

나는 취침 전에 샤워를 한다.

▶ 제이쌤의 쇼츠 특강

기본 원리 이해하기

in, on, at 외에도 대표적인 시간 전치사로 '취침 전', '퇴근 후', '10시간 동안'과 같이 시간의 전후 관계나 기간을 나타내는 before(~ 전에), after(~ 후에), for(~ 동안)이 있습니다. 각 전치사의 의미와 뉘앙스, 사용 범위를 하나씩 살펴봅시다.

나는 샤워를 한다 취침 전에
                 시간 정보

I take a shower **before**[1] **bed**.
                 전치사 + 명사(시간)

나는 빨래를 했다 정오 전에	➡	I did the laundry **before noon**.
우리는 집에 갔다 영화 관람 후에	➡	We went home **after**[2] **the movie**.
그는 통화 중이었다 30분 동안	➡	He was on the phone **for**[3] **30 minutes**.

[1] 전치사 before는 '어떤 시점보다 앞선 상태/행위'를 나타낼 때 쓸 수 있어요.
[2] 전치사 after는 '어떤 시점보다 뒤에 이루어지는 상태/행위'를 나타낼 때 쓸 수 있어요.
[3] 전치사 for는 '지속되는 상태/행위'를 나타낼 때 주로 기간을 나타내는 명사 앞에 와요.

기본 원리 확장하기

전치사 다음에는 명사만 올 수 있는 게 아니라 동사의 성질을 갖지만 명사 역할을 하는 동명사(동사-ing)도 올 수 있어요. 주의할 것은 before와 after 다음에는 동명사가 올 수 있지만, 기간을 나타내는 for 다음에는 오직 기간을 나타내는 명사만 올 수 있습니다.

나는 기다렸다 — 상점에 들어가기 전에 / 일을 마친 후에

→ I waited **before** entering the shop.
전치사 + 동사-ing
after finishing my work.

나는 상점에 들어가기 전에 기다렸다. / 나는 일을 마친 후에 기다렸다.

그녀는 읽는다 — 아침 식사를 한 후에 / 잠시 동안

→ She reads **after** having breakfast.
전치사 + 동사-ing
for a while.
전치사 + 명사(기간)

그녀는 아침 식사를 한 후에 독서를 한다. / 그녀는 잠시 동안 독서를 한다.

일상회화로 한 번 더!

A Are you free after lunch today?
오늘 점심 식사 이후 시간 돼?

B Not really, I have an appointment with my dentist at 2.
별로 없어, 2시에 치과에 예약이 되어 있거든.

A Then, can you come to my house before leaving for the clinic?
그럼 병원에 가기 전에 우리 집에 와줄래?

B Sure! No problem.
그래! 문제 없어.

입이 열리는  트레이닝

✏️ 앞에서 배운 원리를 기억하며 우리말에 맞게 영어 문장을 써보세요.

1   그들은 정오 전에 짧은 회의를 했다.
    They _____.

2   나는 식사 후에 디저트 먹는 것을 즐기지 않는다.
    I _____.

3   그는 3년 동안 화학을 공부했다.
    He _____.

4   아이들은 저녁 식사 전에 손을 씻는다.
    The children _____.

5   그는 약을 먹은 후에 기분이 훨씬 나아졌다.
    He _____.

6   Amy의 가족은 9개월 동안 해외에 살았다.
    Amy's family _____.

7   우리는 운동하기 전에 항상 스트레칭을 한다.
    We _____.

8   그녀는 일어난 후에 이메일을 확인한다.
    She _____.

9   나는 어제 2시간 동안 바이올린 연습을 했다.
    I _____.

10 Chris는 졸업 전에 취직을 했다.
    Chris _____.

Audio 24

💬 원어민의 음성을 듣고 따라 말해보세요.

1 They had a quick meeting before noon.

2 I don't enjoy having dessert after meals.

3 He studied chemistry for three years.

4 The children wash their hands before dinner.

5 He felt much better after taking medicine.

6 Amy's family lived abroad for nine months.

7 We always stretch before exercising.

8 She checks her email after waking up.

9 I practiced the violin for two hours yesterday.

10 Chris got a job before graduation.

New Words & Phrases

quick 재빠른, 간단한　**chemistry** 화학　**take medicine** 약을 먹다　**abroad** 해외에
stretch 스트레칭을 하다　**practice** 연습하다　**get a job** 취직을 하다　**graduation** 졸업

Lesson 25

I live with my family.
나는 가족과 함께 산다.

Short 25

▶ 제이쌤의 **쇼츠 특강**

기본 원리 이해하기

with는 여러 가지 의미와 쓰임새를 갖는 만능 전치사로 초급자들도 꼭 알아두어야 할 기본 전치사 중 하나입니다. with는 기본적으로 '~을 가지고 있는'의 개념으로, 가장 잘 알려진 의미는 '~와 함께'라는 '동반/수반'의 의미입니다. 이외에 '수단/도구', '(특징의) 소유/보유'의 의미를 나타낼 때도 쓰입니다.

나는 산다 <u>가족과 함께</u>
　　　　　동반 정보

↓

I live <u>with① my family</u>.
　　　전치사 + 명사(동반 대상)

그는 경기장에 갔다 **그의 친구들과 함께**	➡ He went to the stadium **with his friends**.
나는 종이를 잘랐다 **가위로**	➡ I cut the paper **with② scissors**.
그녀는 여자다 **빨간색 드레스를 입은**	➡ She is the woman **with③ the red dress**.

제이쌤's **Tips**

① '~와 함께'라는 뜻으로 쓰일 땐 with 다음에 주로 사람이나 동물이 와요.
② 이 문장에서 with는 '~로', '~을 사용하여'라는 뜻으로 '수단/도구'를 나타내고 있어요.
③ 이 문장에서 with는 '~인 상태의', '~을 가진'의 뜻으로 사람이나 사물이 '소유/보유'한 특징을 설명하는 데 쓰이고 있어요.

기본 원리 확장하기

'~을 가지고 있는' 개념의 with와 상반되게 without은 '~을 가지고 있지 않은', '~이 없는' 개념의 전치사입니다. without 뒤에 사람/사물 명사가 오면 '~이 없는 상태'를 의미하고, 동명사가 오면 '어떤 동작이 일어나지 않음'을 의미합니다.

Jo는 일할 수 있다   커피 없이 / 스트레스 없이

➡ Jo can work **without** coffee.
전치사 + 명사(사물)
without stress.

Jo는 커피 없이 일할 수 있다. / Jo는 스트레스 없이 일할 수 있다.

그는 떠났다   작별 인사를 하지 않고 / 아무에게도 말하지 않고

➡ He left **without** saying goodbye.
전치사 + 동사-ing
without telling anyone.

그는 작별 인사를 하지 않고 떠났다. / 그는 아무에게도 말하지 않고 떠났다.

일상회화로 한 번 더!

A   I can't start the day without drinking coffee.
커피를 마시지 않으면 하루를 시작할 수 없어.

B   Same here! I can't imagine life without my morning coffee.
나도 그래! 모닝 커피 없는 삶은 상상할 수 없다니까.

A   Yeah, I'm always more productive with caffeine.
맞아, 난 항상 카페인이 있어야 생산성이 더 높아져.

B   It's the best way to start the day!
그게 하루를 시작하는 가장 좋은 방법이지!

입이 열리는  트레이닝

앞에서 배운 원리를 기억하며 우리말에 맞게 영어 문장을 써보세요.

1 그는 자신의 가장 친한 친구들과 그 비밀을 공유했다.
   He _____.

2 나는 이 케이크를 초콜릿과 바닐라로 만들었다.
   I _____.

3 수염이 있는 남자가 나의 삼촌이다.
   The man _____.

4 당신은 면허 없이 운전할 수 없다.
   You _____.

5 나는 작별 인사도 하지 않고 파티를 떠났다.
   I _____.

6 John은 상사와 이야기할 필요가 있었다.
   John _____.

7 그는 드라이버로 의자를 고쳤다.
   He _____.

8 우리는 노란색 모자를 쓴 여자를 기억한다.
   We _____.

9 그 소년은 우산 없이 집까지 걸어갔다.
   The boy _____.

10 그들은 누구와도 상의하지 않고 결정을 내렸다.
   They _____.

 원어민의 음성을 듣고 따라 말해보세요.

1 He shared the secret with his closest friends.

2 I made this cake with chocolate and vanilla.

3 The man with the beard is my uncle.

4 You can't drive without a license.

5 I left the party without saying goodbye.

6 John needed to talk with his boss.

7 He fixed the chair with a screwdriver.

8 We remember the woman with a yellow hat.

9 The boy walked home without an umbrella.

10 They made a decision without consulting anyone.

New Words & Phrases

| secret 비밀 | beard 수염 | license 면허 | screwdriver 드라이버 |
| remember 기억하다 | make a decision 결정하다 | | consult ~와 상의하다 |

Lessons 21-25
Speaking Review

지금까지 5개의 Lesson을 통해 배운 문장들을 다음 순서로 복습해봅시다.

❶ 빈칸에 영어 문장을 쓰세요.
❷ 왼쪽 QR 코드에 연결된 원어민의 발음을 듣고 따라 말하세요.
❸ 오른쪽 QR 코드에 연결된 우리말 음성을 듣고 영어로 말하세요.

		❶ ❷ ❸
1	나는 식사 후에 디저트 먹는 것을 즐기지 않는다.	☐ ☐ ☐
2	나는 쓰레기를 쓰레기통 안에 버렸다.	☐ ☐ ☐
3	캐나다에서 소포가 도착했다.	☐ ☐ ☐
4	많은 사람들이 5월에 등산을 간다.	☐ ☐ ☐
5	나는 이 케이크를 초콜릿과 바닐라로 만들었다.	☐ ☐ ☐
6	누군가가 문 앞에 서 있다.	☐ ☐ ☐
7	그는 3년 동안 화학을 공부했다.	☐ ☐ ☐
8	아이들은 9시에 잠자리에 든다.	☐ ☐ ☐
9	당신은 면허 없이 운전할 수 없다.	☐ ☐ ☐

Audio 25-1 | Audio 25-2

10 아이들은 마당에서 놀고 있다.

11 그는 약을 먹은 후에 기분이 훨씬 나아졌다.

12 내 노트북은 침대 위에 있다.

13 우리 항공편은 크리스마스날이다.

14 Chris는 졸업 전에 취직을 했다.

15 나는 방 안으로 의자를 밀어넣었다.

16 나는 오후에 졸리다.

17 그는 오늘 아침에 공원까지 걸어갔다.

18 수염이 있는 남자가 나의 삼촌이다.

19 그는 바닥에 사과 주스를 쏟았다.

20 그 소년은 우산 없이 집까지 걸어갔다.

정답 p.248

Lesson 26

I exercise to stay healthy.

나는 건강을 유지하기 위해 운동한다.

▶ 제이쌤의 **쇼츠 특강**

기본 원리 이해하기

to부정사라고 하면 어렵게 느껴질 수 있지만 간단하게 설명하면 to 다음에 동사의 원형이 오는 형태입니다. 이때 to부정사 뒤에도 수식어나 목적어가 올 수 있는데, 이를 포함해 to부정사구라고 합니다. 문장 맨 끝에 to부정사구가 오면 대개 '목적'의 의미로 '~하기 위해'로 해석합니다.

나는 운동한다 건강을 유지하기 위해
　　　　　　　　　목적
↓
I exercise **to stay healthy.**＊
　　　　　 to부정사구(목적)

나는 일찍 떠났다 **기차를 잡기 위해**	➡	I left early **to catch the train.**
그는 공부한다 **시험에 합격하기 위해**	➡	He studies **to pass the exam.**
그들은 일한다 **돈을 모으기 위해**	➡	They work **to save money.**

＊ 목적과 목적어를 혼동할 수 있어요. 우리가 배운 '목적어'는 문장 요소 중 하나로서 동사가 나타내는 동작의 대상이고 해석은 '을/를'로 끝나게 돼요. 하지만 우리가 지금 배우는 to부정사의 '목적'은 '~하기 위해'라는 뜻을 가지는 것으로 이해하면 돼요.

기본 원리 확장하기

'~하기 위해'라는 목적의 뜻을 나타내는 to부정사는 원어민들도 일상회화에서 많이 사용합니다. 앞에서 배운 다양한 문장에 to부정사를 붙여 문장을 좀 더 확장해봅시다.

우리는 텐트를 샀다 | 캠핑을 가기 위해

→ We bought a tent **to go camping**.
　　　　　　　　　　to부정사구(목적)

우리는 캠핑을 가기 위해 텐트를 샀다.

Amy는 그에게 메시지를 보냈다 | 그를 초대하기 위해

→ Amy sent him a message **to invite him**.
　　　　　　　　　　　　　　to부정사구(목적)

Amy는 그를 초대하기 위해 메시지를 보냈다.

나는 네가 열심히 연습하기를 원한다 | 경기에서 이기기 위해

→ I want you to practice hard **to win the game**.
　　　　　　　　　　　　　　　to부정사구(목적)

나는 네가 경기에서 이기기 위해 열심히 연습하기를 원한다.

일상회화로 한 번 더!

A　I'm saving money to travel to America this summer.
　　나는 이번 여름에 미국으로 여행가기 위해 돈을 모으고 있어.

B　Nice! Are you learning a language to prepare for the trip?
　　좋네! 여행 준비를 위해 언어도 배우고 있니?

A　Yeah, I started learning English to talk with the locals.
　　응, 나는 현지인들과 대화하기 위해 영어를 배우기 시작했어.

B　That's great!
　　그거 멋지다!

입이 열리는 쓰,들,말 트레이닝

✏️ 앞에서 배운 원리를 기억하며 우리말에 맞게 영어 문장을 써보세요.

1 아기는 꽃들을 보기 위해 기어갔다.
   The baby _____.

2 나는 산책하기 위해 일찍 일어났다.
   I _____.

3 그녀는 너의 질문에 대답하기 위해 여기 있다.
   She _____.

4 그들은 즐거운 시간을 갖기 위해 춤을 췄다.
   They _____.

5 그녀는 모든 것을 기억하기 위해 목록을 만들었다.
   She _____.

6 그 남자는 캠핑을 가기 위해 텐트를 샀다.
   The man _____.

7 그는 그녀를 초대하기 위해 Kate에게 메시지를 보냈다.
   He _____.

8 나는 그녀의 생일을 축하하기 위해 그녀에게 케이크를 구워주었다.
   I _____.

9 그녀는 내가 시험에 합격하기 위해 열심히 공부하기를 원했다.
   She _____.

10 그들은 경기에 이기기 위해 그 팀이 연습하는 것을 지켜보았다.
   They _____.

원어민의 음성을 듣고 따라 말해보세요.

1 The baby crawled to see the flowers.

2 I woke up early to take a walk.

3 She is here to answer your questions.

4 They danced to have a good time.

5 She made a list to remember everything.

6 The man bought a tent to go camping.

7 He sent Kate a message to invite her.

8 I baked her a cake to celebrate her birthday.

9 She wanted me to study hard to pass the test.

10 They watched the team practice to win the game.

New Words & Phrases

crawl 기어가다　**take a walk** 산책하다　**answer** 대답하다　**make a list** 목록을 만들다
celebrate 축하하다　**birthday** 생일　**pass** 통과하다, 합격하다　**win** 이기다

Lesson 27

I bought bread and milk.

나는 빵과 우유를 샀다.

Short 27

▶ 제이쌤의 **쇼츠 특강**

기본 원리 이해하기

단어와 단어, 구와 구, 절과 절 같이 대등한 문장 요소를 연결하는 말을 접속사라고 합니다. 이러한 접속사에는 and(그리고, 그러고 나서), but(그러나), or(또는), so(그래서) 등이 있고, 이들은 각각 추가/나열/순서, 대조/반대, 선택, 결과의 의미를 갖습니다. 단, 접속사 so는 단어나 구는 연결하지 않고 절과 절만 연결합니다.

나는 샀다 **빵** 그리고 **우유를**
　　　　　단어　접속사　단어

⬇

I bought **bread** and **milk**.
　　　　　단어　접속사　단어

Jim은 ~하다 똑똑한 **그러나** 게으른	➡	Jim is smart[①] **but** lazy.
우리는 ~할 수 있다 게임을 하다 **또는** 영화를 보다	➡	We can play games[②] **or** watch a movie.
나는 피곤했다 **그래서** 나는 잠자리에 들었다	➡	I was tired[③], **so** I went to bed.

제이쌤's Tips

① 접속사 but이 단어와 단어(smart, lazy)를 대등하게 연결하고 있어요.
② 접속사 or이 구와 구(play games, watch a movie)를 대등하게 연결하고 있어요.
③ 접속사 so가 절과 절(I was tired, I went to bed)를 대등하게 연결하고 있어요.

기본 원리 확장하기

접속사 and, but, or 앞뒤로 절과 절을 연결한 문장들을 더 연습해봅시다. 짧은 절은 콤마(,) 없이도 연결 가능하지만 긴 절을 연결할 때는 접속사 뒤에 콤마(,)를 써야 합니다.

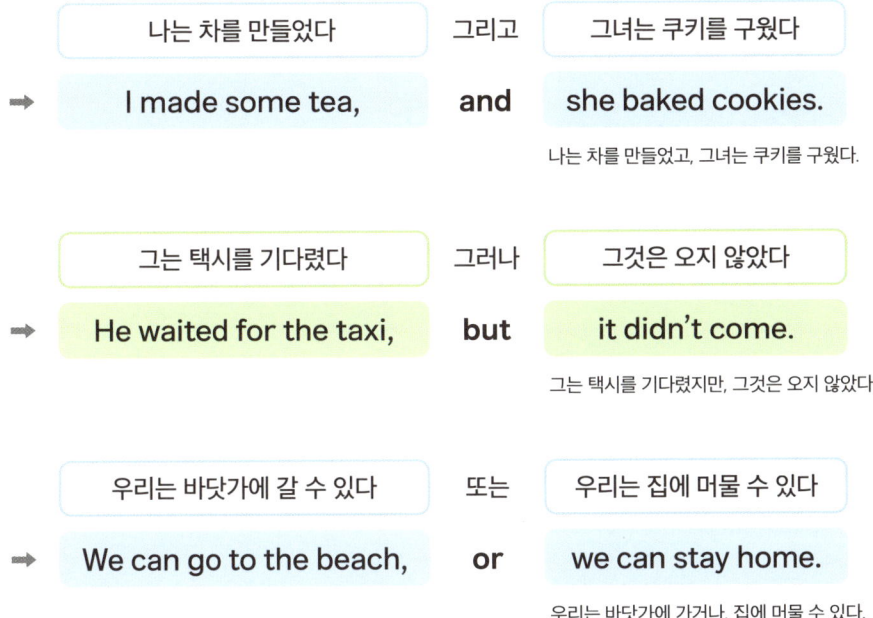

일상회화로 한 번 더!

A I wanted to go out, but it's raining so much.
밖에 나가고 싶었는데, 비가 매우 많이 와.

B The weather is terrible. So, what do you want to do?
날씨가 너무 안 좋네. 그럼 너는 뭐 하고 싶어?

A We can play online games or watch a movie.
우리는 온라인 게임을 하거나 영화를 볼 수 있어.

B That sounds good! I'll get some snacks, and we can have fun.
좋아! 내가 간식을 좀 챙겨 올게, 그러고 나서 우리 재미있게 놀 수 있어.

입이 열리는  트레이닝

 앞에서 배운 원리를 기억하며 우리말에 맞게 영어 문장을 써보세요.

1 우리는 빵과 우유를 먹었다.
   We _____ .

2 그는 어리지만 현명하다.
   He _____ .

3 너는 커피나 오렌지 주스를 선택할 수 있다.
   You _____ .

4 우리는 버스를 놓쳐서 걸어갔다.
   We _____ .

5 그들은 파리로 여행을 가서 좋은 시간을 보냈다.
   They _____ .

6 나는 피자를 좋아하지만, 그것을 매일 먹지 않는다.
   I _____ .

7 아이들은 이곳에 머무르거나 집에 갈 수 있다.
   The children _____ .

8 Jeffrey는 피곤해서 일찍 잠자리에 들었다.
   Jeffrey _____ .

9 그는 동물을 좋아하지만, 고양이에 알레르기가 있다.
   He _____ .

10 그 소녀는 쓰기와 말하기에 능숙하다.
   The girl _____ .

 원어민의 음성을 듣고 따라 말해보세요.

1   We had bread and milk.

2   He is young but wise.

3   You can choose coffee or orange juice.

4   We missed the bus, so we walked.

5   They traveled to Paris and had a great time.

6   I like pizza, but I don't eat it every day.

7   The children can stay here or go home.

8   Jeffrey was tired, so he went to bed early.

9   He loves animals, but he is allergic to cats.

10 The girl is good at writing and speaking.

New Words & Phrases

have 먹다	wise 현명한	miss 놓치다	have a great time 좋은 시간을 보내다
stay 머무르다	allergic to ~에 알레르기가 있는		be good at ~에 능숙하다

Lesson 28

I stayed home because I was sick.

나는 아팠기 때문에 집에 있었다.

▶ 제이쌤의 쇼츠 특강

기본 원리 이해하기

두 개의 절을 대등하게 연결하지 않고 하나의 절이 다른 절의 이유, 시간/시점, 조건 등을 나타내는 역할을 하도록 연결하는 접속사들이 있습니다. 이런 접속사들로는 because, when, before, after, while, if 등이 있는데, 우선 가장 대표적인 because(~하기 때문에), when(~할 때), if(~한다면)를 살펴봅시다.

나는 집에 있었다 ~하기 때문에 나는 아팠다
                  접속사   이유
↓
I stayed home **because** I was sick.[①]
                접속사   이유

그 소년은 공룡을 좋아했다 ~할 때 그는 아이였다	⇒	The boy loved dinosaurs **when** he was a child.
나는 너에게 전화할 것이다 ~한다면 회의가 길어지다	⇒	I will call you **if** the meeting runs late.[②]

① 접속사 because가 이끄는 절 'I was sick(아팠다)'은 말 그대로 다른 절 'I stayed home(집에 있었다)'의 '이유'를 나타내는 역할을 해요.

② '회의가 길어지는 것'은 아직 일어나지 않은 미래의 일이지만, 이렇게 '만약 ~한다면'이라는 '조건'의 의미를 나타낼 땐 접속사 if가 이끄는 절 안의 동사는 현재형으로 써야 해요.

기본 원리 확장하기

because, when, if 같은 접속사들은 문장 가운데에서 두 개의 절을 연결하기도 하지만, 이유, 시간/시점, 조건 등과 함께 문장 맨 앞으로 나오기도 합니다. 단, 이렇게 쓸 땐 접속사가 이끄는 절이 끝난 다음에 반드시 콤마(,)를 넣어야 합니다.

→ ~하기 때문에 그는 늦게 일어났다 / 그는 기차를 놓쳤다
Because (접속사) he woke up late, (이유) he missed the train.
그는 늦게 일어났기 때문에, 기차를 놓쳤다.

→ ~할 때 나는 홀에 들어갔다 / 모두가 박수를 쳤다
When (접속사) I entered the hall, (시점) everyone clapped.
내가 홀에 들어갔을 때, 모두가 박수를 쳤다.

→ ~한다면 네가 나의 도움을 원한다 / 나는 너에게 도움을 줄 수 있다
If (접속사) you want my help, (조건) I can give you a hand.
네가 나의 도움을 원한다면, 나는 너를 도울 수 있다.

일상회화로 한 번 더!

A I'll call you when I finish the meeting.
회의가 끝나면 내가 전화할게.

B Sure, I'll wait.
알겠어, 기다릴게.

A If the meeting runs late, I'll text you.
만약 회의가 길어지면, 너에게 문자를 보낼게.

B No problem. I'll watch some videos.
괜찮아. 동영상 좀 보고 있을게.

입이 열리는  트레이닝

✏️ 앞에서 배운 원리를 기억하며 우리말에 맞게 영어 문장을 써보세요.

1 너무 추웠기 때문에 그들은 밖에서 놀 수 없었다.
They _____ .

2 나는 그녀가 전화를 했을 때 책을 읽고 있었다.
I _____ .

3 너무 많이 먹으면 너는 속이 안 좋을 것이다.
You _____ .

4 그들은 많이 걸었기 때문에 피곤했다.
Because _____ .

5 아이였을 때 Brian은 만화를 그렸다.
When _____ .

6 날씨가 좋다면 우리는 외출할 수 있다.
If _____ .

7 그녀는 자신의 파스타가 너무 매웠기 때문에 먹지 않았다.
She _____ .

8 나는 일어났을 때 항상 이를 닦는다.
I _____ .

9 Judy가 내 도움이 필요하다면 나에게 요청해도 된다.
If _____ .

10 우리는 그 노래가 편안하기 때문에 좋아한다.
We _____ .

원어민의 음성을 듣고 따라 말해보세요.

1 They couldn't play outside because it was too cold.

2 I was reading a book when she called me.

3 You will feel sick if you eat too much.

4 Because they walked a lot, they were tired.

5 When he was a child, Brian drew cartoons.

6 If the weather is nice, we can go out.

7 She didn't eat her pasta because it was too spicy.

8 I always brush my teeth when I wake up.

9 If she wants my help, Judy can ask me.

10 We like the song because it is relaxing.

New Words & Phrases

feel sick 속이 안 좋다, 몸이 아프다
brush one's teeth 양치질하다
draw 그리다
relaxing 편안한
cartoon 만화

Lesson 29

I have a friend who lives in Canada.

나는 캐나다에 사는 친구가 있다.

▶ 제이쌤의 **쇼츠 특강**

기본 원리 이해하기

이번에는 두 개의 절이 공통된 하나의 명사를 각각 포함하는데, 한 절이 마치 형용사처럼 다른 절 속에 포함된 공통 명사를 설명해주는 역할을 하는 경우입니다. 이때 설명하는 절 속의 공통 명사는 두 절을 연결해주는 말로 바뀌는데 이를 문법 용어로는 '관계대명사'라고 합니다. 공통 명사가 사람이고 설명하는 절 안에서 주어 역할을 한다면 관계대명사 who를 사용해야 합니다.

나는 친구가 있다.   그녀(친구)는 캐나다에 산다.
I have a friend. + **She lives in Canada.**
         절   설명하는 절

↓

나는 친구가 있다   ~하는   캐나다에 산다
I have a friend who[1] **lives in Canada.**
         절   관계대명사(주어)   설명하는 절

| 그는 전문가이다 ~하는 그 기사를 썼다 | ➡ | He is the expert **who** wrote the article. |
| 나는 멘토를 찾았다 ~하는 나를 잘 이해한다 | ➡ | I found a mentor **that**[2] understands me well. |

[1] 관계대명사 who는 설명하는 대상인 명사(a friend)가 사람일 때 쓰며, 관계대명사 뒤에 나오는 절 안에서 주어 역할을 하기 때문에 뒤에는 바로 동사(lives)가 와요.
[2] 관계대명사 who 대신 that을 쓸 수도 있어요.

기본 원리 확장하기

설명의 대상이 되는 명사가 사람이면서 관계대명사 뒤에 나오는 절 안에서 목적어 역할을 할 땐 관계대명사 whom을 사용합니다. 그런데 일상회화에서는 whom 대신 who나 that으로 더 많이 사용됩니다.

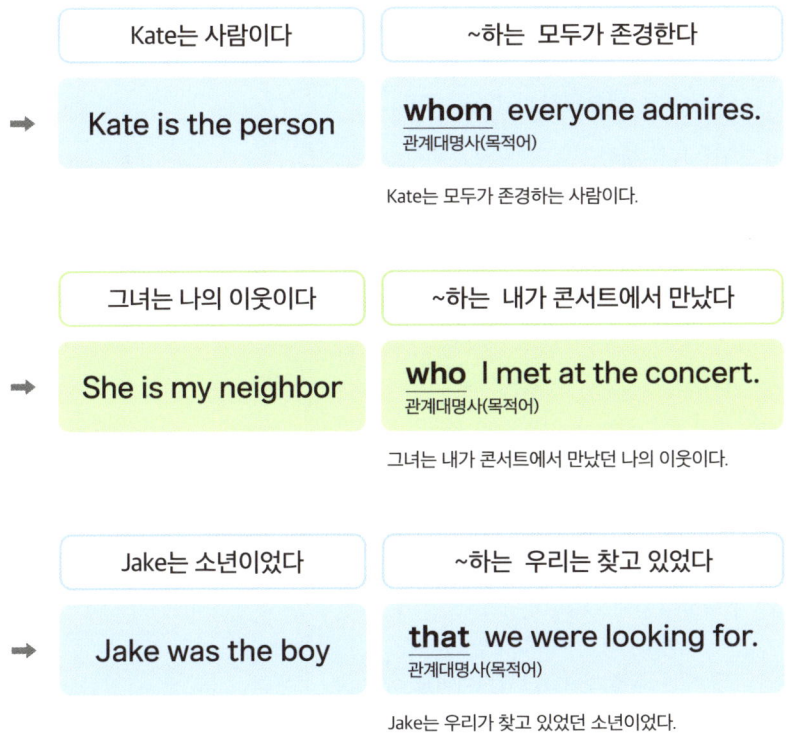

일상회화로 한 번 더!

A Do you know the woman who is talking to Henry?
Henry에게 말하고 있는 여자가 누군지 아니?

B Yes, she's the designer whom I told you about yesterday.
응, 내가 어제 너에게 말했던 그 디자이너야.

A Oh, the one from New York?
아, 뉴욕에서 왔다는 그 사람?

B Exactly!
맞아!

입이 열리는  트레이닝

 앞에서 배운 원리를 기억하며 우리말에 맞게 영어 문장을 써보세요.

1. 나는 4개 언어를 하는 소녀를 만났다.
   I _____.

2. Cruise 씨는 내가 어제 만났던 남자이다.
   Mr. Cruise _____.

3. Frank는 기타를 연주하는 내 남자친구이다.
   Frank _____.

4. 저 사람은 내가 헬스장에서 봤던 사람이다.
   That _____.

5. 그는 나의 아버지를 치료했던 의사였다.
   He _____.

6. 나는 모두가 존경하는 친구가 있다.
   I _____.

7. Mike는 우리를 도와줬던 웨이터이다.
   Mike _____.

8. 그들은 내가 초대한 손님들이다.
   They _____.

9. 이분이 내가 이사하는 걸 도와준 이웃이다.
   This _____.

10. Tom은 내가 신뢰하는 동료이다.
    Tom _____.

원어민의 음성을 듣고 따라 말해보세요.

1 I met a girl who(that) speaks four languages.

2 Mr. Cruise is the man who(m)(that) I met yesterday.

3 Frank is my boyfriend who(that) plays the guitar.

4 That is the guy who(m)(that) I saw at the gym.

5 He was the doctor who(that) treated my father.

6 I have a friend who(m)(that) everyone admires.

7 Mike is the waiter who(that) helped us.

8 They are the guests who(m)(that) I invited.

9 This is the neighbor who(that) helped me move.

10 Tom is my colleague who(m)(that) I trust.

New Words & Phrases

language 언어	**gym** 체육관, 헬스장	**treat** 치료하다	**guest** 손님
invite 초대하다	**neighbor** 이웃	**colleague** 동료	**trust** 신뢰하다

Lesson 30

I ordered the laptop which is light.

나는 가벼운 노트북을 주문했다.

▶ 제이쌤의 **쇼츠 특강**

기본 원리 이해하기

관계대명사를 이용해 두 개의 절을 한 문장으로 연결할 때, 설명의 대상이 되는 명사가 사물이나 동물이면서 뒤에 나오는 절 안에서 주어 역할을 한다면 관계대명사 which나 that을 써야 합니다.

나는 노트북을 주문했다.   그것(노트북)은 가볍다.
I ordered the laptop. + **It is light.**
       절   설명하는 절

↓

나는 노트북을 주문했다   ~하는   가볍다
I ordered the laptop   **which**①   **is light.**
       절   관계대명사(주어)   설명하는 절

그는 개가 있다 ~**하는** 호수에서 수영하는 것을 좋아한다	➡ He has the dog **which** loves to swim in the lake.
이것은 책이다 ~**하는** 작년에 상을 받았다	➡ This is the book **that**② won the award last year.

① which가 대신하는 명사(the laptop)가 뒤에 나오는 절 안에서 주어 역할을 하기 때문에 뒤에는 바로 동사(is)가 와요.
② 관계대명사 which도 that으로 바꿔 쓸 수 있어요.

기본 원리 확장하기

설명의 대상이 되는 명사가 사물/동물일 땐 관계대명사 뒤에 나오는 절 안에서 주어 역할을 하든 목적어 역할을 하든 동일하게 관계대명사 which나 that을 사용합니다.

→ 나는 그 영화를 봤다 / ~하는 그가 추천했다
I watched the movie **which** he recommended.
관계대명사(목적어)
나는 그가 추천한 영화를 봤다.

→ 이것은 곰이다 / ~하는 우리가 구조했다
This is the bear **which** we rescued.
관계대명사(목적어)
이것은 우리가 구조한 곰이다.

→ 그녀는 장갑을 잃어버렸다 / ~하는 내가 뜨개질했다
She lost the gloves **that** I knitted.
관계대명사(목적어)
그녀는 내가 뜨개질한 장갑을 잃어버렸다.

일상회화로 한 번 더!

A I watched the documentary which you recommended.
네가 추천한 다큐멘터리를 봤어.

B Oh, really? Did you like it?
아, 정말이니? 마음에 들었어?

A Yeah, I really liked the part which was about whales in the Pacific.
응, 나는 태평양에 사는 고래에 관한 부분이 정말 좋았어.

B I liked that part too.
나도 그 부분이 좋았어.

입이 열리는  트레이닝

✏️ 앞에서 배운 원리를 기억하며 우리말에 맞게 영어 문장을 써보세요.

1 나는 인공지능 기능이 있는 스마트폰을 샀다.
I _____.

2 그는 내가 그에게 빌려준 책을 읽었다.
He _____.

3 그녀는 코를 골고 있는 개를 봤다.
She _____.

4 Jane은 엄마가 그녀에게 준 드레스를 입었다.
Jane _____.

5 이것은 커피를 만드는 기계이다.
This _____.

6 나는 내 친구가 키우는 토끼에게 먹이를 줬다.
I _____.

7 이것은 실화를 이야기하는 영화이다.
This _____.

8 그는 내가 사준 차를 운전한다.
He _____.

9 그 소년은 망가진 자전거를 고쳤다.
The boy _____.

10 그들은 잠수부들이 구조한 바다표범들을 치료했다.
They _____.

Audio 30

💬 원어민의 음성을 듣고 따라 말해보세요.

1 I bought a smartphone which(that) has AI features.

2 He read the book which(that) I lent him.

3 She saw the dog which(that) was snoring.

4 Jane wore the dress which(that) her mom gave her.

5 This is the machine which(that) makes coffee.

6 I fed the rabbit which(that) my friend raises.

7 This is the movie which(that) tells a true story.

8 He drives the car which(that) I bought for him.

9 The boy fixed the bike which(that) was broken.

10 They treated the seals which(that) divers saved.

New Words & Phrases

feature 기능, 특징　　**lend** 빌려주다　　**snore** 코를 골다　　**feed** 먹이를 주다
raise 키우다　　　　　**seal** 바다표범　　**diver** 잠수부　　**save** 구조하다

Lessons 26-30
Speaking Review

지금까지 5개의 Lesson을 통해 배운 문장들을
다음 순서로 복습해봅시다.

❶ 빈칸에 영어 문장을 쓰세요.
❷ 왼쪽 QR 코드에 연결된 원어민의 발음을 듣고 따라 말하세요.
❸ 오른쪽 QR 코드에 연결된 우리말 음성을 듣고 영어로 말하세요.

❶ ❷ ❸

1 저 사람은 내가 헬스장에서 봤던 사람이다.
   _____

2 Jane은 엄마가 그녀에게 준 드레스를 입었다.
   _____

3 그녀는 코를 골고 있는 개를 봤다.
   _____

4 그들은 파리로 여행을 가서 좋은 시간을 보냈다.
   _____

5 나는 그녀가 전화를 했을 때 책을 읽고 있었다.
   _____

6 그녀는 너의 질문에 대답하기 위해 여기 있다.
   _____

7 이것은 커피를 만드는 기계이다.
   _____

8 너무 많이 먹으면 너는 속이 안 좋을 것이다.
   _____

9 그 남자는 캠핑을 가기 위해 텐트를 샀다.
   _____

Audio 30-1　Audio 30-2

10　날씨가 좋다면 우리는 외출할 수 있다.
　　_____　☐ ☐ ☐

11　아이들은 이곳에 머무르거나 집에 갈 수 있다.
　　_____　☐ ☐ ☐

12　그 소년은 망가진 자전거를 고쳤다.
　　_____　☐ ☐ ☐

13　그들은 경기에 이기기 위해 그 팀이 연습하는 것을 지켜보았다.
　　_____　☐ ☐ ☐

14　그녀는 자신의 파스타가 너무 매웠기 때문에 먹지 않았다.
　　_____　☐ ☐ ☐

15　Mike는 우리를 도와줬던 웨이터이다.
　　_____　☐ ☐ ☐

16　우리는 버스를 놓쳐서 걸어갔다.
　　_____　☐ ☐ ☐

17　그녀는 모든 것을 기억하기 위해 목록을 만들었다.
　　_____　☐ ☐ ☐

18　Tom은 내가 신뢰하는 동료이다.
　　_____　☐ ☐ ☐

19　그는 동물을 좋아하지만, 고양이에 알레르기가 있다.
　　_____　☐ ☐ ☐

20　그들은 내가 초대했던 손님들이다.
　　_____　☐ ☐ ☐

정답 p.248

COURSE
4

패턴편 _
나의 상황과
감정을 말하는 지름길

LESSONS 31–40

영어 공부, 늦었을 때는 빠른 지름길로!

31 I'm in trouble.
나는 곤란한 상황이야.

32 I'm on a diet.
나는 다이어트 중이야.

33 I'm into K-pop.
나는 케이팝에 빠져 있어.

34 I'm getting angry.
나는 점점 화가 나고 있어.

35 I'm glad to help him.
나는 그를 도울 수 있다니 기뻐.

36 I'm about to go out.
나는 막 나가려던 참이야.

37 I'm used to living alone.
나는 혼자 사는 것에 익숙해.

38 I'm worried about gaining weight.
나는 살이 찔까 봐 걱정이야.

39 I'm here to see the doctor.
저는 진료받으러 왔어요.

40 I'm trying to quit drinking.
나는 술을 끊으려고 노력 중이야.

Lesson 31

I'm in trouble.
나는 곤란한 상황이야.

▶ 제이쌤의 **쇼츠 특강**

기본 원리 이해하기

전치사 in은 원래 '(어떤 장소) 안에'라는 물리적인 위치를 나타내는 데 주로 사용됩니다. 하지만 I'm in ~ 패턴에서는 in의 의미가 '어떤 상태/상황 안에 있다'는 추상적인 개념으로 확장됩니다.

나는 ~ 상태/상황이다	나는 곤란한 상황이야.
I'm in + 명사 ~의 상태/상황 안에 있다	**I'm in trouble.** 명사

나는 ~ 상태/상황이다		I'm in	
	사랑		love.①
	급함	→	a hurry.
	평화		peace.
	충격		shock.
	곤란		hot water.②

제이쌤's **Tips**

① be in love는 뒤에 'with + 사람/대상'이 와서 '~와 사랑에 빠지다'라는 의미로도 잘 쓰여요.
② hot water는 직역하면 '뜨거운 물'이지만 여기서는 '(뜨거운 물 안에 있는 것처럼) 곤란한 상황', 또는 '혼날 상황에 처했다'는 것을 의미해요.

기본 원리 확장하기

이제 이 패턴이 자주 쓰이는 상황별 문장들을 살펴봅시다.

감정 상태/상황

I'm in danger.	나는 위험한 상황이야.
I'm in a mess.	나는 상황이 엉망이야.
I was in a panic.	나는 어쩔 줄 몰랐어.
I was in a good mood last week.	나는 지난주에 기분이 좋았어.

활동/행사 참여

I'm in a meeting now.	나는 지금 회의 중이야.
I'm in training.	나는 훈련 중이야.
I was in a Zoom call.	나는 줌 회의 중이었어.
I'll be in a lesson then.	나는 그때 수업 중일 거야.

일상회화로 한 번 더!

A Are you okay? You look really pale.
괜찮아요? 얼굴이 정말 창백해 보여요.

B **I'm in shock.** There was a car accident right in front of me.
좀 놀라서요. 바로 제 앞에서 교통사고가 났거든요.

A Oh no! That's terrifying.
오 저런! 정말 무섭네요.

B **Yeah, I'm in a bit of a panic now.**
네, 지금도 좀 정신이 없어요.

입이 열리는  트레이닝

 앞에서 배운 원리를 기억하며 우리말에 맞게 영어 문장을 써보세요.

1 나는 지금 훈련 중이야.

2 나는 충격을 받았어.

3 나는 오늘 오후에 줌 회의 중일 거야.

4 나는 오늘 아침에 급했어.

5 나는 그녀와 사랑에 빠졌어.

6 나는 위험에 처해 있어.

7 나는 어제 회의 중이었어.

8 나는 내일 수업 중일 거야.

9 나는 곤란한 상황이야.

10 나는 어젯밤에 기분이 좋았어.

Audio 31

💬 원어민의 음성을 듣고 따라 말해보세요.

1   I'm in training now.

2   I'm in shock.

3   I'll be in a Zoom call this afternoon.

4   I was in a hurry this morning.

5   I'm in love with her.

6   I'm in danger.

7   I was in a meeting yesterday.

8   I'll be in a lesson tomorrow.

9   I'm in trouble(hot water).

10 I was in a good mood last night.

New Words & Phrases

| training 훈련 | shock 충격 | hurry 서두름, 급함 | |
| be in love with ~와 사랑에 빠지다 | | danger 위험 | mood 기분 |

Lesson 32

I'm on a diet.
나는 다이어트 중이야.

▶ 제이쌤의 **쇼츠 특강**

기본 원리 이해하기

전치사 on은 원래 '~ 위에'라는 물리적인 위치를 나타내는 데 주로 사용됩니다. 하지만 I'm on ~ 패턴에서는 on의 의미가 '어떤 상태/상황에 놓여 있다'는 추상적인 개념으로 확장됩니다. 즉, '어떤 상태, 활동, 상황, 약속, 일정 등의 일시적인 진행'을 의미하는 패턴입니다.

나는 ~ 중이다	나는 다이어트 중이야.
I'm on + 명사	**I'm on a diet.**
~에 놓여 있다	명사
(상태, 활동 등의 일시적 진행)	

나는 ~ 중이다		I'm on	
	휴가		vacation.
	운전		the road.①
	여행	➔	a trip.
	가는[오는]		my way.②
	파업		strike.

① 여기에서 be on the road는 '도로 위에 있다'는 위치를 나타내는 말이 아니라 비유적으로 '운전 중이다', '이동 중이다'라는 의미로 쓰여요.

② be on my(your/his/her) way는 뒤에 'to + 장소'가 와서 '~에 가는 길이다'라는 의미로도 잘 쓰여요.

기본 원리 확장하기

이제 이 패턴이 자주 쓰이는 상황별 문장들을 살펴봅시다.

직장/업무

I'm on my break.	나는 휴식 중이야.
I'm on a business trip.	나는 출장 중이야.
I was on the phone.	나는 통화 중이었어.
I was on duty last night.	나는 어젯밤에 근무 중이었어.

감정/상태

I'm on fire.	나는 최상의 컨디션이야.
I'm on edge.	나는 오늘 날카로워.
I was on track.	순조롭게 되어가고 있었어.
I was on high then.	나는 그때 기분이 정말 좋았어.

일상회화로 한 번 더!

A I gave you a call earlier.
저는 아까 당신에게 전화를 했어요.

B Yeah, sorry! **I was on the phone with a client.**
아, 죄송해요! 저는 고객과 통화 중이었어요.

A That's OK. Are you free now?
괜찮아요. 지금 시간이 되시나요?

B Yes. **I'm on my break.**
네. 지금은 쉬는 시간이거든요.

입이 열리는 쓰.들.말 트레이닝

앞에서 배운 원리를 기억하며 우리말에 맞게 영어 문장을 써보세요.

1. 나는 휴식 중이었어.
   _____

2. 나는 백화점으로 가는 길이야.
   _____

3. 나는 지난주 토요일에 근무 중이었어.
   _____

4. 나는 가족과 함께 휴가 중이야.
   _____

5. 나는 오늘 밤에 통화 중일 거야.
   _____

6. 나는 자신감이 충만해.
   _____

7. 나는 프랑스로 여행 중이었어.
   _____

8. 나는 오늘 날카로워.
   _____

9. 나는 다음 달에 출장 중일 거야.
   _____

10. 나는 기분이 정말 좋아.
    _____

원어민의 음성을 듣고 따라 말해보세요.

1 I was on my break.

2 I'm on my way to the department store.

3 I was on duty last Saturday.

4 I'm on vacation with my family.

5 I'll be on the phone tonight.

6 I'm on fire.

7 I was on a trip to France.

8 I'm on edge.

9 I'll be on a business trip next month.

10 I'm on high.

New Words & Phrases

break (학교, 직장 등의) 휴식 시간 **duty** 업무 **edge** 가장자리, 모서리
business trip 출장 **high** 최고 수치

Lesson 33

I'm into K-pop.

나는 케이팝에 빠져 있어.

Short 33

▶ 제이쌤의 **쇼츠 특강**

기본 원리 이해하기

전치사 into는 원래 '~ 안으로'라는 물리적인 이동/방향을 나타내는 데 주로 사용됩니다. 하지만 I'm into ~ 패턴에서는 into의 의미가 '어떤 취미, 활동, 사람 등에 빠져 있다'는 추상적인 의미로 확장됩니다.

나는 ~에 빠져 있다(관심이 있다)
I'm into + 명사/동명사
~ 안으로 들어가다
(취미, 활동, 사람 등에 몰입)

나는 케이팝에 빠져 있어.
I'm into① K-pop.
　　　　　　명사

| 나는 ~에 빠져 있다 | 사진
정원 가꾸기
패션
명상
운동하기 | → | I'm into | photography.
gardening.②
fashion.
meditation.
working out. |

제이쌤's Tips

① '어떤 것을 좋아한다'는 표현들을 좋아하는 정도가 높은 순으로 나열하면 다음과 같아요.
　ex) love (가장 강한 호감) > be a big fan of ~ (강함) > be into (중간 정도) > like (일반적이고 약함)

② I'm into 다음에 gardening처럼 동명사(동사 + -ing)가 오는 경우도 많아요.

기본 원리 확장하기

이제 이 패턴이 자주 쓰이는 상황별 문장들을 살펴봅시다.

취향/관심사

I'm into BTS these days.	나는 요즘 BTS에 빠져 있어.
I'm into 90s hip-hop.	나는 90년대 힙합에 관심이 있어.
I was into minimalism.	나는 미니멀리즘에 관심이 있었어.
I was into healthy eating.	나는 건강한 식습관에 관심이 있었어.

취미/활동

I'm into reading self-help books.	나는 자기계발서 읽기에 빠져 있어.
I'm into making homemade pasta.	나는 수제 파스타 만들기에 빠져 있어.
I was into solving puzzles.	나는 퍼즐 맞추기에 빠져 있었어.
I was into watching baseball games.	나는 야구 경기 관람에 빠져 있었어.

일상회화로 한 번 더!

A **What are you into these days?**
요즘 네가 빠져 있는 것이 뭐니?

B **I'm into healthy eating these days.**
요즘 건강한 식습관에 빠져 있어.

A **I do that too. But I'm more into working out.**
나도 그래. 그런데 나는 운동에 조금 더 빠져 있어.

B Yeah, both healthy eating and working out are important.
맞아, 건강한 식습관과 운동 둘 다 중요하지.

입이 열리는  트레이닝

 앞에서 배운 원리를 기억하며 우리말에 맞게 영어 문장을 써보세요.

1 나는 요즘 정원 가꾸기에 관심이 있어.

2 나는 건강한 식습관에 관심이 있어.

3 나는 헬스장에서 운동하는 것에 빠져 있어.

4 나는 동물 보호소에서 자원봉사하는 것에 빠져 있어.

5 나는 야구 경기 관람에 빠져 있었어.

6 나는 몇 년 전에 패션에 빠져 있었어.

7 나는 수제 파스타 만들기에 빠져 있어.

8 나는 작년에 BTS에 빠져 있었어.

9 나는 자기계발서 읽기에 빠져 있어.

10 나는 퍼즐 맞추기에 빠져 있어.

💬 원어민의 음성을 듣고 따라 말해보세요.

1 I'm into gardening these days.

2 I'm into healthy eating.

3 I'm into working out at the gym.

4 I'm into volunteering at animal shelters.

5 I was into watching baseball games.

6 I was into fashion a few years ago.

7 I'm into making homemade pasta.

8 I was into BTS last year.

9 I'm into reading self-help books.

10 I'm into solving puzzles.

New Words & Phrases

garden 정원 가꾸기를 하다 **healthy** 건강에 좋은 **volunteer** 자원봉사하다
animal shelter 동물 보호소 **self-help book** 자기계발서 **solve** 해결하다, 풀다

Lesson 34

I'm getting angry.
나는 점점 화가 나고 있어.

Short 34

▶ 제이쌤의 **쇼츠 특강**

기본 원리 이해하기

동사 get은 기본적으로 '얻다', '받다', '사다' 등 '무언가를 소유하거나 획득하다'라는 뜻을 가집니다. 하지만 get 다음에 형용사가 오면 '(점점) ~해지다', '~하게 되다'라는 어떤 상태로 변화하는 과정을 의미합니다.

나는 점점 ~하고 있다
I'm getting + 형용사
~로 변화하다
(특정 상태 또는 감정으로 변화)

나는 점점 화가 나고 있어.
I'm getting* angry.
형용사

| 나는 점점 ~하고 있다 | 지루한
짜증난
긴장된
피곤한
아픈 | → I'm getting | bored.
annoyed.
nervous.
tired.
sick. |

제이쌤's Tips

* 'I was + 형용사' vs. 'I'm getting + 형용사' vs. 'I'm + 형용사'
  I was angry. 나는 화가 났다. (과거의 상태로 현재는 아님)
  I'm getting angry. 나는 점점 화가 나고 있다. (점진적으로 화가 나는 상태로 변화 중)
  I'm angry. 나는 화가 난다. (현재 화가 나 있는 상태)

기본 원리 확장하기

이제 이 패턴이 자주 쓰이는 상황별 문장들을 살펴봅시다.

감정

I'm getting excited.	나는 점점 신나.
I'm getting anxious.	나는 점점 불안해지고 있어.
I was getting jealous.	나는 점점 질투가 나고 있었어.
I was getting confident.	나는 점점 자신감이 생기고 있었어.

상태/상황

I'm getting better.	나는 점점 나아지고 있어.
I'm getting worse.	나는 점점 안 좋아지고 있어.
I was getting sleepy.	나는 점점 졸음이 오고 있었어.
I was getting faster at typing.	나는 타자 속도가 점점 빨라지고 있었어.

일상회화로 한 번 더!

A The concert is just a few hours away!
콘서트가 몇 시간밖에 안 남았어!

B I know! **I'm getting excited just thinking about it.**
그러게! 콘서트 생각만으로도 점점 신나.

A Me too. **And I'm getting a little bit nervous.** So many people will be there.
나도 그래. 그리고 나는 조금 긴장되고 있어. 사람들이 정말 많을 거야.

B Yeah, but it's going to be amazing!
맞아, 그렇지만 정말 멋진 공연일 거야!

입이 열리는  트레이닝

 앞에서 배운 원리를 기억하며 우리말에 맞게 영어 문장을 써보세요.

1 나는 점점 지루해지고 있어.

2 나는 시험에 대해 점점 불안해지고 있어.

3 나는 엑셀을 점점 더 빨리 다루고 있어.

4 나는 사람들 앞에서 점점 긴장하고 있었어.

5 나는 소음 때문에 점점 짜증나고 있어.

6 나는 David에게 점점 화가 나고 있었어.

7 나는 나날이 점점 나아지고 있어.

8 나는 콘서트에 점점 신나고 있어.

9 나는 출근 전에 점점 피곤해지고 있었어.

10 나는 네 휴가 사진에 점점 더 질투가 나고 있어.

 원어민의 음성을 듣고 따라 말해보세요.

1   I'm getting bored.

2   I'm getting anxious about the test.

3   I'm getting faster at using Excel.

4   I was getting nervous in front of people.

5   I'm getting annoyed by the noise.

6   I was getting angry with David.

7   I'm getting better day by day.

8   I'm getting excited about the concert.

9   I was getting tired before work.

10 I'm getting jealous of your vacation photos.

New Words & Phrases

anxious 불안한
day by day 나날이
in front of ~의 앞에서
excited about ~에 신난
better 더 나은
jealous of ~을 질투하는

Lesson 35

I'm glad to help him.

나는 그를 도울 수 있다니 기뻐.

▶ 제이쌤의 쇼츠 특강

기본 원리 이해하기

I'm glad to ~ 패턴은 '나는 ~할 수 있다니 기쁘다', '나는 ~하게 되어 좋다'라는 의미로 앞으로 있을 어떤 행동이나 결과에 대해 기쁨이나 긍정적인 감정을 표현할 때 사용합니다.

나는 ~할 수 있다니 기쁘다	나는 그를 도울 수 있다니 기뻐.
I'm glad to + 동사원형 행동이나 결과	**I'm glad to help* him.** 동사원형

나는 ~할 수 있다니 기쁘다

| 너를 만나다 |
| 여기 있다 |
| 너와 함께 일하다 |
| 네 목소리를 듣다 |
| 모두가 무사한 걸 보다 |

➡

I'm glad to

meet you.
be here.
work with you.
hear your voice.
see everyone safe.

* 이 패턴의 to부정사(to + 동사원형)는 앞에서 배운 목적을 나타내는 용법이 아니라 '기쁘다(be glad)'는 감정의 원인을 나타내는 용법으로 쓰이고 있어요.

기본 원리 확장하기

이제 이 패턴이 자주 쓰이는 상황별 문장들을 살펴봅시다.

비즈니스

I'm glad to be done with work.	일을 마칠 수 있다니 기뻐요.
I'm glad to support your decision.	당신의 결정을 지지할 수 있다니 기뻐요.
I was glad to have this opportunity.	이 기회가 생겨서 기뻤어요.
I was glad to be part of the team.	팀의 일원이 될 수 있어서 기뻤어요.

친목/일상

I'm glad to be your friend.	네 친구가 될 수 있다니 기뻐.
I'm glad to talk with you.	너와 함께 이야기할 수 있다니 기뻐.
I'll be glad to travel with you.	너와 함께 여행하게 되면 기쁠 거야.
I'll be glad to drive you to the airport.	너를 공항에 데려다주게 되면 기쁠 거야. (내가 너를 공항까지 데려다줄게.)

일상회화로 한 번 더!

A The refrigerator broke down again.
냉장고가 또 고장났어.

B Oh no, that's annoying! **But I'm glad to have this opportunity to buy a new one.**
이런, 귀찮게 됐네. 하지만 난 새 냉장고를 살 기회가 생겨서 기뻐.

A So, are you excited?
그래서, 신나?

B **Sure, and I'll be glad to get a new air conditioner too.**
당연하지, 그리고 새 에어컨도 사게 되면 기쁠 거야.

입이 열리는 쓰,들,말 트레이닝

✎ 앞에서 배운 원리를 기억하며 우리말에 맞게 영어 문장을 써보세요.

1 나는 너와 함께 이야기할 수 있어서 기뻐.

2 나는 네 결정을 지지할 수 있어서 기뻤어.

3 나는 네 목소리를 들으면 기쁠 거야.

4 나는 일찍 체크인할 수 있다니 기뻐.

5 나는 모두가 무사한 걸 확인할 수 있어 기뻤어.

6 나는 팀의 일원이 될 수 있으면 기쁠 거야.

7 나는 진실을 알게 되어 기뻐.

8 나는 일을 마칠 수 있다면 기쁠 거야.

9 나는 이 기회가 생겨서 기뻤어.

10 나는 네 친구가 될 수 있다니 기뻐.

Audio 35

 원어민의 음성을 듣고 따라 말해보세요.

1 I'm glad to talk with you.

2 I was glad to support your decision.

3 I'll be glad to hear your voice.

4 I'm glad to check in early.

5 I was glad to see everyone safe.

6 I'll be glad to be part of the team.

7 I'm glad to know the truth.

8 I'll be glad to be done with the work.

9 I was glad to have this opportunity.

10 I'm glad to be your friend.

New Words & Phrases

check in (호텔 등에) 체크인하다
be done with ~을 끝내다
safe 안전한
opportunity 기회
be part of ~의 일원[일부]이다

Lesson 35 175

Lessons 31-35
Speaking Review

지금까지 5개의 Lesson을 통해 배운 문장들을 다음 순서로 복습해봅시다.

① 빈칸에 영어 문장을 쓰세요.
② 왼쪽 QR 코드에 연결된 원어민의 발음을 듣고 따라 말하세요.
③ 오른쪽 QR 코드에 연결된 우리말 음성을 듣고 영어로 말하세요.

1 나는 모두가 무사한 걸 확인할 수 있어 기뻤어.

2 나는 프랑스로 여행 중이었어.

3 나는 네 목소리를 들으면 기쁠 거야.

4 나는 오늘 아침에 급했어.

5 나는 출근 전에 점점 피곤해지고 있었어.

6 나는 가족과 함께 휴가 중이야.

7 나는 다음 달에 출장 중일 거야.

8 나는 콘서트에 점점 신나고 있어.

9 나는 그녀와 사랑에 빠졌어.

Audio 35-1   Audio 35-2

10 나는 소음 때문에 점점 짜증나고 있어. ☐ ☐ ☐

11 나는 요즘 정원 가꾸기에 관심이 있어. ☐ ☐ ☐

12 나는 내일 수업 중일 거야. ☐ ☐ ☐

13 나는 헬스장에서 운동하는 것에 빠져 있어. ☐ ☐ ☐

14 나는 백화점으로 가는 길이야. ☐ ☐ ☐

15 나는 수제 파스타 만들기에 빠져 있어. ☐ ☐ ☐

16 나는 어젯밤에 기분이 좋았어. ☐ ☐ ☐

17 나는 이 기회가 생겨서 기뻤어. ☐ ☐ ☐

18 나는 퍼즐 맞추기에 빠져 있어. ☐ ☐ ☐

19 나는 시험에 대해 점점 불안해지고 있어. ☐ ☐ ☐

20 나는 일찍 체크인할 수 있다니 기뻐. ☐ ☐ ☐

정답 p.249

Lesson 36

I'm about to go out.

나는 막 나가려던 참이야.

▶ 제이쌤의 **쇼츠 특강**

기본 원리 이해하기

I'm about to ~ 패턴은 '막 ~하려던 참이다', '곧 ~할 것이다'라는 의미로 아주 가까운 미래의 일을 말할 때 빈번하게 사용합니다.

나는 막 ~하려던 참이다

I'm about to + 동사원형
가까운 미래에 일어날 일

나는 막 나가려던 참이야.

I'm about* to go out.
동사원형

나는 막 ~하려던 참이다

| 아침을 먹다 |
| 자러 가다 |
| 샤워하다 |
| 빨래하다 |
| 방을 청소하다 |

➡

I'm about to

eat breakfast.
go to bed.
take a shower.
do the laundry.
clean my room.

* 가까운 미래의 일을 말할 때 사용되는 몇 가지 패턴
  I'm about to: 행동 직전에 사용
  I'm just about to: 거의 시작하는 찰나에 사용(I'm about to보다 더 긴급함을 강조)
  I'm ready to: 지금 당장 실행 가능할 때 사용(준비 완료)
  I'm going to: 가까운 미래부터 먼 미래까지 사용(계획, 의도)

기본 원리 확장하기

이제 이 패턴이 자주 쓰이는 상황별 문장들을 살펴봅시다.

물리적 행동

I'm about to dry my hair.	나는 막 머리를 말리려던 참이야.
I'm about to get on the bus.	나는 막 버스를 타려던 참이야.
I'm about to meet someone.	나는 곧 누군가를 만날 거야.
I was about to head home.	나는 막 집으로 가려던 참이었어.

감정/정신적 변화

I'm about to explode with anger.	나는 막 화가 폭발하려던 참이야.
I'm about to change my mind.	나는 막 마음을 바꾸려던 참이야.
I was about to lose my patience.	나는 막 인내심을 잃을 참이었어.
I was about to say something important.	나는 막 중요한 말을 할 참이었어.

일상회화로 한 번 더!

A What are you doing this late?
이 늦은 시간에 뭐 해?

B **I'm about to take a shower.**
막 샤워를 하려던 참이야.

A It's already 11 p.m.
벌써 밤 11시인데.

B I know. **I'm about to go to bed right after that.**
나도 안다고. 샤워를 하고 막 자려던 참이야.

Lesson 36

입이 열리는  트레이닝

 앞에서 배운 원리를 기억하며 우리말에 맞게 영어 문장을 써보세요.

1 나는 막 빨래를 하려던 참이었어.

2 나는 막 화가 폭발하려던 참이야.

3 나는 막 중요한 말을 하려던 참이야.

4 나는 막 마음을 바꾸려던 참이었어.

5 나는 막 방을 청소하려던 참이야.

6 나는 막 비행기를 타려던 참이었어.

7 나는 막 버스를 타려던 참이야.

8 나는 막 인내심을 잃으려던 참이었어.

9 나는 막 머리를 말리려던 참이야.

10 나는 막 집으로 가려던 참이었어.

원어민의 음성을 듣고 따라 말해보세요.

1   I was about to do the laundry.

2   I'm about to explode with anger.

3   I'm about to say something important.

4   I was about to change my mind.

5   I'm about to clean my room.

6   I was about to board the plane.

7   I'm about to get on the bus.

8   I was about to lose my patience.

9   I'm about to dry my hair.

10 I was about to head home.

New Words & Phrases

do the laundry 빨래를 하다
change one's mind ~의 마음을 바꾸다
patience 인내심

explode 폭발하다
board ~에 타다
head ~으로 향하다

anger 화, 분노
get on 승차하다

Lesson 36   181

Lesson 37

I'm used to living alone.

나는 혼자 사는 것에 익숙해.

▶ 제이쌤의 **쇼츠 특강**

기본 원리 이해하기

I'm used to ~ 패턴은 '나는 ~에 익숙하다'라는 뜻을 가지며, 이때 to는 전치사로 뒤에 명사나 동명사가 와야 합니다. 어떤 행동이나 상황이 익숙하게 느껴지거나 더 이상 어색하지 않다는 의미로 사용됩니다.

나는 ~에 익숙하다
I'm used to + 명사/동명사
익숙해진 대상이나 행동

나는 혼자 사는 것에 익숙해.
I'm used to* living alone.
동명사

나는 ~에 익숙하다

- 추운 날씨
- 외국 억양
- 혼자 요리하는 것
- 경청하는 것
- 스트레스를 다루는 것

→

I'm used to

- the cold weather.
- foreign accents.
- cooking for myself.
- being the listener.
- dealing with stress.

제이쌤's Tips

* I'm used to와 형태가 유사하여 헷갈릴 수 있는 2가지 패턴
  I'm getting used to + 명사/동명사: ~에 점점 익숙해지고 있다(아직 익숙하지는 않고 익숙해져가는 과정)
  I used to + 동사원형: ~했었다(지금은 하지 않지만 과거에 반복적으로 했던 행동)

기본 원리 확장하기

이제 이 패턴이 자주 쓰이는 상황별 문장들을 살펴봅시다.

생활 패턴

I'm used to public transportation.	나는 대중교통에 익숙해.
I'm used to commuting for an hour.	나는 한 시간씩 통근하는 것에 익숙해.
I was used to staying up late.	나는 늦게까지 깨어 있는 것에 익숙했어.
I was used to driving long distances.	나는 장거리 운전에 익숙했어.

관계/감정

I'm used to my wife's attitude.	나는 아내의 태도에 익숙해.
I'm used to cheering others up.	나는 다른 사람들을 격려하는 것에 익숙해.
I was used to hiding my emotions.	나는 내 감정을 숨기는 것에 익숙했어.
I was used to being around people.	나는 사람들과 함께 있는 것에 익숙했어.

일상회화로 한 번 더!

A Aren't you cold here in winter?
여기 겨울에 춥지 않아?

B Not really. **I'm used to the cold weather.**
별로 안 추운데. 난 추운 날씨에 익숙해.

A Lucky you. I still wear three layers.
부럽다. 난 아직도 옷을 세 겹이나 입는데.

B **I grew up in Alaska, so I'm used to freezing temperatures.**
나는 알래스카에서 자라서, 강추위에 익숙하거든.

입이 열리는  트레이닝

 앞에서 배운 원리를 기억하며 우리말에 맞게 영어 문장을 써보세요.

1 나는 외국 억양에 익숙해.

2 나는 내 감정을 숨기는 것에 익숙했어.

3 나는 스트레스를 다루는 것에 익숙해.

4 나는 혼자 요리하는 것에 익숙해.

5 나는 사람들과 함께 있는 것에 익숙했어.

6 나는 추운 날씨에 익숙해.

7 나는 한 시간씩 통근하는 것에 익숙해.

8 나는 새로운 소프트웨어에 익숙해.

9 나는 매운 음식을 먹는 것에 익숙했어.

10 나는 경청하는 것에 익숙해.

Audio 37

💬 원어민의 음성을 듣고 따라 말해보세요.

1. I'm used to foreign accents.
2. I was used to hiding my emotions.
3. I'm used to dealing with stress.
4. I'm used to cooking for myself.
5. I was used to being around people.
6. I'm used to the cold weather.
7. I'm used to commuting for an hour.
8. I'm used to the new software.
9. I was used to eating spicy food.
10. I'm used to being the listener.

New Words & Phrases

foreign 외국의   hide 감추다, 숨기다   emotion 감정   deal with ~을 다루다, 처리하다
for oneself 스스로, 혼자   commute 통근하다   be the listener 경청하다

Lesson 38

I'm worried about gaining weight.

나는 살이 찔까 봐 걱정이야.

Short 38

▶ 제이쌤의 **쇼츠 특강**

기본 원리 이해하기

I'm worried about ~ 패턴은 어떤 일이나 상황에 대해 걱정하거나 불안해하는 마음을 표현할 때 사용합니다. 특히 미래에 일어날 수 있는 걱정거리나 현재의 문제 상황에 대해 말할 때 유용한 패턴입니다.

나는 ~할까 봐 걱정이다

I'm worried about + 명사/동명사
걱정/문제
(미래 또는 현재 상황)

나는 살이 찔까 봐 걱정이야.

I'm worried about gaining weight.
동명사

나는 ~할까 봐 걱정이다

- 날씨
- 내 건강
- 버스를 놓치는 것
- 늦는 것
- 취직을 하지 못하는 것

➡

I'm worried about

- the weather.
- my health.
- missing the bus.
- being late.
- not* getting a job.

제이쌤's Tips

* '~하지 않는 것'이라고 표현할 땐 동명사 앞에 not을 붙여 쉽게 말할 수 있어요.
ex) 아침을 먹는 것 eating breakfast
아침을 먹지 않는 것 not eating breakfast

기본 원리 확장하기

이제 이 패턴이 자주 쓰이는 상황별 문장들을 살펴봅시다.

개인적인 걱정

I'm worried about my friend.	나는 내 친구가 걱정이야.
I'm worried about getting sick.	나는 아플까 봐 걱정이야.
I was worried about breaking up.	나는 헤어질까 봐 걱정이었어.
I was worried about not making friends.	나는 친구를 사귀지 못할까 봐 걱정이었어.

일/미래/목표에 대한 걱정

I'm worried about my future.	나는 미래가 걱정이야.
I'm worried about the presentation.	나는 발표가 걱정이야.
I'm worried about giving up easily.	나는 쉽게 포기할까 봐 걱정이야.
I was worried about not finishing the project.	나는 프로젝트를 끝내지 못할까 봐 걱정이었어.

일상회화로 한 번 더!

A Are you ready for the presentation?
발표할 준비는 되어 있니?

B Honestly, I'm worried about messing it up.
솔직히 말하면, 발표를 망칠까 봐 걱정이야.

A You'll do great. You practiced a lot.
넌 잘할 거야. 연습을 많이 했잖아.

B I hope so. I'm also worried about the meeting afterward.
나도 그러면 좋겠어. 그리고 발표 후 있을 회의도 걱정이야.

입이 열리는  트레이닝

 앞에서 배운 원리를 기억하며 우리말에 맞게 영어 문장을 써보세요.

1 나는 요즘 내 건강이 걱정이야.

2 나는 버스를 놓칠까 봐 걱정이야.

3 나는 시험에 떨어질까 봐 걱정이었어.

4 나는 내일 오디션이 걱정이야.

5 나는 프로젝트를 제시간에 끝내지 못할까 봐 걱정이야.

6 나는 살이 찔까 봐 걱정이야.

7 나는 취직을 하지 못할까 봐 걱정이었어.

8 나는 여행 중에 아플까 봐 걱정이야.

9 나는 회사에 늦을까 봐 걱정이야.

10 나는 남자친구와 헤어질까 봐 걱정이었어.

원어민의 음성을 듣고 따라 말해보세요.

1 I'm worried about my health these days.

2 I'm worried about missing the bus.

3 I was worried about failing the test.

4 I'm worried about the audition tomorrow.

5 I'm worried about not finishing the project on time.

6 I'm worried about gaining weight.

7 I was worried about not getting a job.

8 I'm worried about getting sick during the trip.

9 I'm worried about being late for work.

10 I was worried about breaking up with my boyfriend.

New Words & Phrases

fail the test 시험에 떨어지다 **gain weight** 살이 찌다 **get sick** 병에 걸리다
be late for work 회사에 늦다 **break up with** ~와 헤어지다

Lesson 39

I'm here to see the doctor.

저는 진료받으러 왔어요.

Short 39

▶ 제이쌤의 **쇼츠 특강**

기본 원리 이해하기

I'm here to ~ 패턴은 '나는 ~하기 위해서 여기 있다' 즉 '나는 ~하러 왔다'라는 의미로, 어떤 장소를 방문한 목적을 밝히거나 공식 행사에서의 인사말로도 자주 사용됩니다.

나는 ~하러 왔다	저는 진료받으러(의사선생님을 만나러) 왔어요.
I'm here to + 동사원형 방문 목적	**I'm here to see the doctor.** 동사원형

나는 ~하러 왔다

- 네 이야기를 들어주다
- 너와 함께 있다
- 계약서에 서명하다
- 정보를 얻다
- 지금 이 순간을 즐기다

➡

I'm here to

- listen to you.
- be with you.
- sign the contract.
- get some information.
- enjoy the moment.

제이쌤's Tips

* 이 문장에서 to부정사구(to see the doctor)는 '~을 하기 위해서'라는 목적을 나타내고 있어요. to부정사구는 목적이 아닌 다른 용도(~하는 것)로 쓰이기도 해요.
ex) To see the doctor is important. 의사에게 진료받는 것은 중요하다.

기본 원리 확장하기

이제 이 패턴이 자주 쓰이는 상황별 문장들을 살펴봅시다.

공식 행사/업무

I'm here to introduce the speaker.	저는 발표자를 소개하러 왔어요.
I'm here to apply for a job.	저는 구직 신청하러 왔어요.
I'm here to share our idea.	저는 아이디어를 나누러 왔어요.
I was here to collect data.	저는 자료를 수집하러 왔었어요.

일상생활

I'm here to deliver something.	배달 왔어요.
I'm here to pick up my order.	주문한 것 찾으러 왔어요.
I'm here to pay the bill.	결제하러 왔어요.
I was here to register for the class.	수강 신청하러 왔었어요.

일상회화로 한 번 더!

A Hi, how can I help you?
안녕하세요, 무엇을 도와드릴까요?

B **I'm here to return this shirt.**
이 셔츠를 반품하려고 왔어요.

A Do you have the receipt?
영수증을 가지고 오셨나요?

B I do. **And I'm also here to pick up my online order.**
네. 그리고 온라인으로 주문한 물건도 찾고 싶어요.

입이 열리는  트레이닝

 앞에서 배운 원리를 기억하며 우리말에 맞게 영어 문장을 써보세요.

1   계약서에 서명하러 왔어요.

2   주문한 것을 찾으러 왔어요.

3   수강 신청하러 왔어요.

4   저는 발표자를 소개하러 왔었어요.

5   정보를 얻으러 왔어요.

6   당신 이야기를 들어주러 왔었어요.

7   저는 진료받으러 왔어요.

8   결제하러 왔어요.

9   구직 신청하러 왔었어요.

10 당신과 함께 있으려고 왔어요.

원어민의 음성을 듣고 따라 말해보세요.

1 I'm here to sign the contract.

2 I'm here to pick up my order.

3 I'm here to register for the class.

4 I was here to introduce the speaker.

5 I'm here to get some information.

6 I was here to listen to you.

7 I'm here to see the doctor.

8 I'm here to pay the bill.

9 I was here to apply for a job.

10 I'm here to be with you.

New Words & Phrases

contract 계약(서)
speaker 발표자
order 주문, 주문품
bill (식당의) 계산서
register for ~에 등록하다
apply for ~에 지원하다

Lesson 40

I'm trying to quit drinking.

나는 술을 끊으려고 노력 중이야.

▶ 제이쌤의 **쇼츠 특강**

기본 원리 이해하기

I'm trying to ~ 패턴은 '나는 ~하려고 노력 중이다'라는 뜻으로 어렵지만 목표한 바를 이루기 위해 시도하고 있다는 것을 나타내는 데 사용합니다.

나는 ~하려고 노력 중이다	나는 술을 끊으려고 노력 중이야.
I'm trying to + 동사원형 목표한 일	**I'm trying to* quit drinking.** 동사원형

나는 ~하려고 노력 중이다

- 더 나은 사람이 되다
- 채소를 더 먹다
- 나 자신을 믿다
- 현재에 집중하다
- 자신에게 솔직하다

➡

I'm trying to

- be a better person.
- eat more vegetables.
- believe in myself.
- focus on the present.
- be honest with myself.

제이쌤's Tips

* I'm trying to는 '현재 집중적으로 시도하거나 노력 중'인 상황을 의미한다면, I try to는 '평소에 계속하고 있는 습관적이고 일반적인 노력'을 의미해요.

기본 원리 확장하기

이제 이 패턴이 자주 쓰이는 상황별 문장들을 살펴봅시다.

생활 습관 개선

I'm trying to wake up earlier.	나는 더 일찍 일어나려고 노력 중이야.
I'm trying to eat healthier.	나는 좀 더 건강하게 먹으려고 노력 중이야.
I'm trying to drink more water.	나는 물을 더 많이 마시려고 노력 중이야.
I was trying to avoid junk food.	나는 정크 푸드를 피하려고 노력 중이었어.

감정 조절

I'm trying to stay positive.	나는 계속 긍정적이려고 노력 중이야.
I'm trying to be more patient.	나는 더 인내심을 가지려고 노력 중이야.
I'm trying to forgive myself.	나는 나 자신을 용서하려고 노력 중이야.
I was trying to control my anger.	나는 분노를 조절하려고 노력 중이었어.

일상회화로 한 번 더!

A You didn't get angry at all.
넌 전혀 화를 안 내더라.

B **I'm trying to control my anger.**
분노를 조절하려고 노력 중이야.

A That's really impressive!
진짜 대단하다!

B **And I'm also trying to forgive myself when I make mistakes.**
그리고 실수할 때마다 나 자신을 용서하려고도 노력 중이야.

Lesson 40

입이 열리는 쓰,들,말 트레이닝

앞에서 배운 원리를 기억하며 우리말에 맞게 영어 문장을 써보세요.

1. 나는 술을 끊으려고 노력 중이야.

2. 나는 체중을 줄이려고 노력 중이었어.

3. 나는 현재에 집중하려고 노력 중이야.

4. 나는 물을 더 많이 마시려고 노력 중이야.

5. 나는 긍정적인 마음을 유지하려고 노력 중이었어.

6. 나는 나 자신을 용서하려고 노력 중이야.

7. 나는 분노를 조절하려고 노력 중이야.

8. 나는 자신에게 솔직하려고 노력 중이야.

9. 나는 더 인내심을 가지려고 노력 중이야.

10. 나는 정크 푸드를 피하려고 노력 중이야.

Audio 40

💬 원어민의 음성을 듣고 따라 말해보세요.

1 I'm trying to quit drinking.

2 I was trying to lose weight.

3 I'm trying to focus on the present.

4 I'm trying to drink more water.

5 I was trying to stay positive.

6 I'm trying to forgive myself.

7 I'm trying to control my anger.

8 I'm trying to be honest with myself.

9 I'm trying to be more patient.

10 I'm trying to avoid junk food.

New Words & Phrases

quit 끊다, 그만두다   **lose weight** 체중을 줄이다   **focus on** ~에 집중하다   **present** 현재
positive 긍정적인   **forgive** 용서하다   **be honest with** ~에게 솔직하다   **avoid** 피하다

Lesson 40 **197**

Lessons 36-40
Speaking Review

지금까지 5개의 Lesson을 통해 배운 문장들을 다음 순서로 복습해봅시다.

❶ 빈칸에 영어 문장을 쓰세요.
❷ 왼쪽 QR 코드에 연결된 원어민의 발음을 듣고 따라 말하세요.
❸ 오른쪽 QR 코드에 연결된 우리말 음성을 듣고 영어로 말하세요.

1. 나는 분노를 조절하려고 노력 중이야.

2. 결제하러 왔어요.

3. 나는 정크 푸드를 피하려고 노력 중이야.

4. 나는 막 방을 청소하려던 참이야.

5. 나는 현재에 집중하려고 노력 중이야.

6. 나는 내 감정을 숨기는 것에 익숙했어.

7. 나는 회사에 늦을까 봐 걱정이야.

8. 나는 한 시간씩 통근하는 것에 익숙해.

9. 나는 추운 날씨에 익숙해.

Audio 40-1 | Audio 40-2

10 저는 발표자를 소개하러 왔었어요. □ □ □

11 나는 내일 오디션이 걱정이야. □ □ □

12 나는 막 마음을 바꾸려던 참이었어. □ □ □

13 나는 취직을 하지 못할까 봐 걱정이었어. □ □ □

14 나는 사람들과 함께 있는 것에 익숙했어. □ □ □

15 나는 막 화가 폭발하려던 참이야. □ □ □

16 주문한 것을 찾으러 왔어요. □ □ □

17 나는 막 머리를 말리려던 참이야. □ □ □

18 나는 여행 중에 아플까 봐 걱정이야. □ □ □

19 저는 진료받으러 왔어요. □ □ □

20 나는 체중을 줄이려고 노력 중이었어. □ □ □

정답 p.249

COURSE
5
패턴편 _
상대에게
내 의사를 말하는 지름길

LESSONS
41–50

영어 공부, 늦었을 때는
빠른 지름길로!

41 **Don't be jealous.**
질투하지 마.

42 **Don't even bother.**
신경 쓰지도 마.

43 **Don't let the food burn.**
음식이 타게 두지 마.

44 **Don't make me wait.**
나를 기다리게 하지 마.

45 **Don't forget to lock the door.**
문 잠그는 것을 잊지 마.

46 **It's kind of nice.**
좀 괜찮네.

47 **It's time to wake up.**
일어날 시간이야.

48 **It's important to be on time.**
시간을 잘 지키는 것이 중요해.

49 **It's not that I'm lazy.**
내가 게으른 건 아니야.

50 **That's why everyone likes her.**
그래서 모두가 그녀를 좋아하는 거야.

Lesson 41

Don't be jealous.

질투하지 마.

Short 41

▶ 제이쌤의 **쇼츠 특강**

기본 원리 이해하기

Don't ~는 '~(하)지 마'라는 부정명령문의 형태로, 특히 Don't be ~ 패턴은 뒤에 형용사/명사가 와서 상대방의 감정이나 태도에 대한 조언을 하는 경우에 사용합니다.

~지 마
Don't be + 형용사/명사
감정이나 태도

질투하지 마.
Don't be jealous.
형용사

| ~지 마 | 욕심 많은
바보
거만한
이기적인
자랑이 심한 사람 | ➡ | Don't be | greedy.
a fool.*
arrogant.
selfish.
a show-off. |

제이쌤's Tips

* Don't be 다음에 형용사가 오면 대개 일시적인 감정이나 태도를 바꾸라는 조언인 반면, a fool처럼 명사가 올 땐 '(명사)의 태도를 갖지 말라'는 의미로, '~처럼 굴지 마', '~가 되지 마'라는 더 직접적이고 비판적인 의미를 내포해요.

기본 원리 확장하기

이제 이 패턴을 활용하여 자주 쓰이는 상황별 문장들을 살펴봅시다.

일시적인 감정/태도에 대한 조언

Don't be so negative.   너무 부정적으로 생각하지 마.
Don't be so bossy.   그렇게 지시하려 들지 마.
Don't be mean to her.   그녀에게 못되게 굴지 마.
Don't be afraid to try.   시도하는 걸 두려워하지 마.

직접적이고 비판적인 조언

Don't be a coward.   겁쟁이처럼 굴지 마.
Don't be a liar.   거짓말쟁이가 되지 마.
Don't be a baby.   유치하게 굴지 마.
Don't be a stranger.   낯선 사람처럼 굴지 마. (자주 연락해.)

일상회화로 한 번 더!

A   Come on, you're acting like it's the end of the world.
야, 너 지금 세상이 끝난 것처럼 굴고 있잖아.

B   Well, you always tell me like you're the boss.
넌 항상 나에게 상사처럼 말하는구나.

A   **Don't be childish.** I'm just trying to help.
유치하게 굴지 마. 도와주려는 것뿐이야.

B   **Then don't be so bossy.**
그럼 그렇게 지시하려 들지 마.

입이 열리는  트레이닝

 앞에서 배운 원리를 기억하며 우리말에 맞게 영어 문장을 써보세요.

1 유치하게 굴지 마.

2 다른 사람들에게 무례하게 굴지 마.

3 거만하게 굴지 마.

4 나에게 의존하지 마.

5 바보처럼 굴지 마.

6 시도하는 것을 두려워하지 마.

7 이기적으로 굴지 마.

8 그녀에게 못되게 굴지 마.

9 짜증나게 굴지 마.

10 자신에게 너무 엄격하게 굴지 마.

💬 원어민의 음성을 듣고 따라 말해보세요.

1 Don't be a baby.

2 Don't be rude to others.

3 Don't be arrogant.

4 Don't be dependent on me.

5 Don't be a fool.

6 Don't be afraid to try.

7 Don't be selfish.

8 Don't be mean to her.

9 Don't be annoying.

10 Don't be too hard on yourself.

New Words & Phrases

rude 무례한   **arrogant** 거만한   **dependent** 의존하는
afraid 두려워하는 **selfish** 이기적인   **mean** 못된, 비열한
annoying 짜증나게 하는 **be hard on** ~에게 엄격하게 대하다

Lesson 42

Don't even bother.

신경 쓰지도 마.

▶ 제이쌤의 쇼츠 특강

기본 원리 이해하기

Don't even ~ 패턴은 '~하려고 하지도 마'라는 뜻으로, Don't + 동사원형(~하지 마)에 even(~까지도, ~조차도)를 추가하여 상대방의 행동에 대한 짜증, 화남, 단호한 경고 등의 감정을 더한 명령문입니다. 때로는 상대방을 놀리듯 건네는 농담으로 쓰이기도 합니다.

~하지도 마	신경 쓰지도 마.
Don't even + 동사원형 행동	**Don't even bother.** 동사원형

| ~하지도 마 | 시작하다
웃다
한 마디 말하다
그것에 대해 꿈을 꾸다
왜냐고 묻다 | → | Don't even | start.*
laugh.
say a word.
dream of it.
ask why. |

* Don't even start. (시작하려고 하지도 마.)는 상대방이 뭔가 말하려 할 때 '말도 꺼내지 말라'는 의미로 일상회화에 자주 쓰이는 문장이에요.

기본 원리 확장하기

이제 이 패턴을 활용하여 자주 쓰이는 상황별 문장들을 살펴봅시다.

화난 감정의 표현

Don't even talk to me.	나한테 말도 걸지 마.
Don't even come here.	이리 오지도 마.
Don't even breathe near me.	내 옆에서 숨도 쉬지 마.
Don't even look at me.	나를 쳐다보지도 마.

단호한 경고의 표현

Don't even touch it.	그것 만지지도 마.
Don't even move.	움직이지도 마.
Don't even open that door.	그 문 열지도 마.
Don't even get close.	가까이 가지도 마.

일상회화로 한 번 더!

A Kate, I just wanted to borrow your laptop.
Kate, 난 그냥 네 노트북 좀 빌리려고 했을 뿐이야.

B **Don't even touch it.**
노트북에 손도 대지 마.

A Why are you so upset? Did I do anything wrong?
왜 그렇게 화났어? 내가 뭐 잘못한 게 있니?

B **Don't even say a word.**
한 마디도 하지 마.

입이 열리는  트레이닝

 앞에서 배운 원리를 기억하며 우리말에 맞게 영어 문장을 써보세요.

1 그건 꿈도 꾸지 마.

2 나를 쳐다보지도 마.

3 내 탓을 하려고 하지도 마.

4 움직이지도 마.

5 그의 이름을 언급하지도 마.

6 신경 쓰지도 마.

7 나와 말싸움하려고 하지도 마.

8 이리 오지도 마.

9 왜냐고 묻지도 마.

10 한 마디도 하지 마.

원어민의 음성을 듣고 따라 말해보세요.

1 Don't even dream of it.

2 Don't even look at me.

3 Don't even try to blame me.

4 Don't even move.

5 Don't even mention his name.

6 Don't even bother.

7 Don't even argue with me.

8 Don't even come here.

9 Don't even ask why.

10 Don't even say a word.

New Words & Phrases

dream of ~을 꿈꾸다	**look at** ~을 보다	**blame** ~을 탓하다
mention 언급하다	**bother** 신경 쓰다	**argue with** ~와 말싸움하다

Lesson 43

Don't let the food burn.

음식이 타게 두지 마.

▶ 제이쌤의 **쇼츠 특강**

기본 원리 이해하기

Don't let ~ 패턴은 '~이 …하게 두지 마', '~가 …하지 않게 해'라는 뜻으로, Don't let 다음에 「사람/사물 + 동작」이 나와서 어떤 일이 일어나지 않도록 방지하거나 주의하라는 조언, 경고, 격려 등을 표현할 때 사용됩니다.

~이 …하게 두지 마

Don't let + 목적어 + 동사원형
(동작)   (사람/사물)   (동작)

음식이 타게 두지 마.

Don't let* the food burn.
                    (목적어)
(동사원형)

~이 …하게 두지 마

그가	떠나다
내가	혼자 울다
그 일이	다시 일어나다
그녀가	포기하다
Tom이	너에게 상처를 주다

➡

Don't let

him	leave.
me	cry alone.
it	happen again.
her	give up.
Tom	hurt you.

* Don't burn the food. (음식을 태우지 마.)는 직접적으로 어떤 행동을 하지 말라는 말이라면, Don't let the food burn. (음식이 타게 두지 마.)는 어떤 상황이 일어나지 않도록 상황 관리를 당부하는 말이에요.

기본 원리 확장하기

이제 이 패턴을 활용하여 자주 쓰이는 상황별 문장들을 살펴봅시다.

일상적인 경고

Don't let the water run.	물을 틀어 놓지 마.
Don't let anyone take your seat.	누가 네 자리를 차지하게 하지 마.
Don't let the soup boil over.	국물이 넘치게 두지 마.
Don't let the door slam.	문이 쾅 닫히게 두지 마.

감정에 대한 조언

Don't let your emotions take over.	감정에 휘둘리지 마.
Don't let anger blind you.	분노가 네 눈을 멀게 하지 마.
Don't let pride ruin everything.	자존심이 모든 것을 망치게 하지 마.
Don't let fear control you.	두려움이 널 지배하게 하지 마.

일상회화로 한 번 더!

A Hey, you left the faucet on again!
야, 수도꼭지를 또 틀어 놨네!

B Oops, my mistake! I was brushing my teeth.
이런, 내 실수야! 이를 닦고 있었거든.

A **Don't let the water run.** It's wasteful. **And don't let the toast burn again.**
물을 틀어 놓지 마. 그건 낭비야. 그리고 토스트도 또 태우지 말고.

B Got it!
알겠어!

Lesson 43 211

입이 열리는  트레이닝

 앞에서 배운 원리를 기억하며 우리말에 맞게 영어 문장을 써보세요.

1 감정에 휘둘리지 마.

2 자존심이 모든 것을 망치게 하지 마.

3 두려움이 너를 지배하게 하지 마.

4 음식이 타게 두지 마.

5 이 기회를 놓치지 마.

6 그들이 너를 속이게 두지 마.

7 다른 사람들이 너에게 상처 주게 두지 마.

8 문이 쾅 닫히게 두지 마.

9 물을 틀어 놓지 마.

10 과거가 너를 규정짓게 두지 마.

Audio 43

💬 원어민의 음성을 듣고 따라 말해보세요.

1   Don't let your emotions take over.

2   Don't let pride ruin everything.

3   Don't let fear control you.

4   Don't let the food burn.

5   Don't let this chance slip away.

6   Don't let them fool you.

7   Don't let other people hurt you.

8   Don't let the door slam.

9   Don't let the water run.

10 Don't let your past define you.

New Words & Phrases

emotion 감정	**take over** ~을 통제하다	**pride** 자존심	**ruin** 망치다
fear 두려움	**slip away** 빠져나가다	**fool** ~을 속이다	**define** 규정하다

Lesson 44

Don't make me wait.
나를 기다리게 하지 마.

▶ 제이쌤의 쇼츠 특강

기본 원리 이해하기

Don't make me ~ 패턴은 '나를 ~하게 하지 마', '나 ~하게 만들지 마'라는 뜻으로, 강한 거절이나 경고, 간청의 의미로 사용됩니다. 때로는 농담이나 비꼬는 말로 쓰이기도 합니다.

나를 ~하게 하지 마
Don't make me + 동사원형
　　　　　　　　　행동

나를 기다리게 하지 마.
Don't make me wait.
　　　　　　　　동사원형

나를 ~하게 하지 마

| 웃다 |
| 행동하다 |
| 그것을 다시 말하다 |
| 너를 미워하다 |
| 이 일을 후회하다 |

➡

Don't make me

laugh.*
take action.
say it again.
hate you.
regret this.

제이쌤's Tips

* Don't make me laugh.는 글자 그대로 '나를 웃기지 마라'는 뜻도 있지만 일상회화에서는 상대방의 말이 믿기지 않을 때, '웃기지 마,' '말도 안 돼'의 의미로 더 많이 사용돼요.

기본 원리 확장하기

이제 이 패턴을 활용하여 자주 쓰이는 상황별 문장들을 살펴봅시다.

화나게 하는 상대에 대한 경고

Don't make me snap.	나를 폭발하게 하지 마.
Don't make me feel guilty.	내가 죄책감 느끼게 하지 마.
Don't make me lose my temper.	나를 화나게 하지 마.
Don't make me raise my voice.	내가 언성 높이게 하지 마.

자녀에 대한 부모의 경고

Don't make me repeat myself.	내가 같은 말 반복하게 하지 마.
Don't make me explain again.	내가 다시 설명하게 하지 마.
Don't make me count to three.	내가 셋까지 세게 하지 마.
Don't make me call your father.	아빠 부르게 하지 마.

일상회화로 한 번 더!

A Did you clean your room?
방 청소를 했니?

B Uhh... not yet. I was just about to.
어, 아직요. 막 하려던 참이었어요.

A **Don't make me repeat myself.** I asked you an hour ago. **And don't make me check again.**
같은 말을 반복하게 하지 마. 한 시간 전에 말했잖아. 그리고 내가 다시 확인하게 만들지 마.

B OK! I'm on it.
알겠어요! 이제 할게요.

입이 열리는  트레이닝

 앞에서 배운 원리를 기억하며 우리말에 맞게 영어 문장을 써보세요.

1 내가 이 일을 후회하게 하지 마.

2 내가 같은 말 반복하게 하지 마.

3 내가 죄책감 느끼게 만들지 마.

4 내가 널 쫓아가게 만들지 마.

5 내가 너를 미워하게 만들지 마.

6 내가 언성 높이게 하지 마.

7 네가 어질러 놓은 거 치우게 하지 마.

8 나를 화나게 하지 마.

9 내가 떠나게 만들지 마.

10 내가 이거 혼자 하게 만들지 마.

Audio 44

💬 원어민의 음성을 듣고 따라 말해보세요.

1 Don't make me regret this.

2 Don't make me repeat myself.

3 Don't make me feel guilty.

4 Don't make me chase you.

5 Don't make me hate you.

6 Don't make me raise my voice.

7 Don't make me clean up your mess.

8 Don't make me lose my temper.

9 Don't make me walk away.

10 Don't make me do this alone.

New Words & Phrases

regret 후회하다   **guilty** 죄책감이 드는   **chase** 쫓아가다   **clean up** ~을 치우다
mess 엉망인 상태   **lose one's temper** 화내다   **walk away** 떠나다

Lesson 45

Don't forget to lock the door.

문 잠그는 것을 잊지 마.

Short 45

▶ 제이쌤의 쇼츠 특강

기본 원리 이해하기

Don't forget to ~ 패턴은 '~하는 것을 잊지 마'라는 뜻으로, 미래에 해야 할 일을 상기시키거나 당부할 때 자주 쓰는 표현입니다. to 다음에는 동사원형을 써야 한다는 것도 기억합시다.

~하는 것을 잊지 마

**Don't forget to +
동사원형**
미래에 할 일

문 잠그는 것을 잊지 마.

**Don't forget to*
lock the door.**
동사원형

~하는 것을 잊지 마

| 너의 여권을 가져오다 |
| 오늘밤 나에게 전화하다 |
| 휴대폰을 충전하다 |
| 화초에 물을 주다 |
| 고양이에게 먹이를 주다 |

➡

Don't forget to

bring your passport.
call me tonight.
charge your phone.
water the plants.
feed the cat.

* Don't forget to와 유사한 표현들이 있는데 약간의 의미 차이가 있어요.
Don't forget to: ~하는 것을 잊지 마 (상대를 배려하는 정중한 당부)
Remember to: ~해야 하는 것을 기억해 (중요한 일에 대한 적극적이고 확실한 당부)
Make sure to: 반드시 ~ 해야 해 (실수 없이 꼭 하라는 강한 당부)
You'd better: ~하는 게 좋을 거야 (안 하면 문제가 생길 수 있다는 경고/조언)

> 기본 원리 확장하기

이제 이 패턴을 활용하여 자주 쓰이는 상황별 문장들을 살펴봅시다.

일상적인 당부

Don't forget to back up your files.	파일 백업하는 것 잊지 마.
Don't forget to pay the taxes.	세금 내는 것 잊지 마.
Don't forget to set the alarm.	알람 맞추는 것 잊지 마.
Don't forget to turn off the oven.	오븐 끄는 것 잊지 마.

태도/삶의 방식에 대한 당부

Don't forget to listen carefully.	경청하는 것 잊지 마.
Don't forget to say thank you.	감사인사 하는 것 잊지 마.
Don't forget to have fun.	즐기는 것 잊지 마.
Don't forget to take care of yourself.	(무리하지 말고) 건강 꼭 챙겨.

> 일상회화로 한 번 더!

A **Don't forget to take your lunch, Peter.**
점심 가지고 가는 거 잊지 마요, Peter.

B Got it, honey. **And don't forget to turn off the oven before you leave.**
알겠어요, 여보. 그리고 나가기 전에 오븐 끄는 거 잊지 마요.

A Of course, I won't.
물론이죠, 안 잊을게요.

B See you this evening.
오늘 저녁에 봐요.

입이 열리는  트레이닝

✏️ 앞에서 배운 원리를 기억하며 우리말에 맞게 영어 문장을 써보세요.

1 휴대폰 충전하는 것 잊지 마.

2 우산을 가져오는 것 잊지 마.

3 오븐 끄는 것 잊지 마.

4 약 먹는 것 잊지 마.

5 오늘밤 나에게 전화하는 것 잊지 마.

6 화초에 물 주는 것 잊지 마.

7 그녀에게 소식을 전하는 것 잊지 마.

8 파일 백업하는 것 잊지 마.

9 쓰레기 버리는 것 잊지 마.

10 알람 맞추는 것 잊지 마.

Audio 45

🗨 원어민의 음성을 듣고 따라 말해보세요.

1 Don't forget to charge your phone.

2 Don't forget to bring your umbrella.

3 Don't forget to turn off the oven.

4 Don't forget to take your medicine.

5 Don't forget to call me tonight.

6 Don't forget to water the plants.

7 Don't forget to tell her the news.

8 Don't forget to back up your files.

9 Don't forget to take out the trash.

10 Don't forget to set the alarm.

New Words & Phrases

charge 충전하다   **turn off** ~을 끄다   **medicine** 약   **water** (화초 등에) 물을 주다
back up (파일 등을) 백업하다   **take out** ~을 가지고 나가다   **trash** 쓰레기
set the alarm 알람을 맞추다

Lessons 41-45
Speaking Review

지금까지 5개의 Lesson을 통해 배운 문장들을 다음 순서로 복습해봅시다.

❶ 빈칸에 영어 문장을 쓰세요.
❷ 왼쪽 QR 코드에 연결된 원어민의 발음을 듣고 따라 말하세요.
❸ 오른쪽 QR 코드에 연결된 우리말 음성을 듣고 영어로 말하세요.

1 자신에게 너무 엄격하게 굴지 마.
   _____

2 우산을 가져오는 것 잊지 마.
   _____

3 휴대폰 충전하는 것 잊지 마.
   _____

4 그건 꿈도 꾸지 마.
   _____

5 쓰레기 버리는 것 잊지 마.
   _____

6 두려움이 너를 지배하게 하지 마.
   _____

7 다른 사람에게 무례하게 굴지 마.
   _____

8 나를 화나게 하지 마.
   _____

9 그의 이름을 언급하지도 마.
   _____

Audio 45-1 | Audio 45-2

10 내가 언성 높이게 하지 마.

11 그들이 너를 속이게 두지 마.

12 나에게 의존하지 마.

13 한 마디도 하지 마.

14 내가 죄책감 느끼게 만들지 마.

15 시도하는 것을 두려워하지 마.

16 이 기회를 놓치지 마.

17 나를 쳐다보지도 마.

18 네가 어질러 놓은 거 치우게 하지 마.

19 그녀에게 소식을 전하는 것 잊지 마.

20 과거가 너를 규정짓게 두지 마.

정답 p.250

Lesson 46

It's kind of nice.
좀 괜찮네.

▶ 제이쌤의 **쇼츠 특강**

기본 원리 이해하기

It's kind of ~ 패턴은 '좀/어느 정도는/그런대로 ~다', '일종의 ~다'라는 뜻으로, 자신의 주관적인 느낌/감정이나 어떤 상황/사실을 직접적으로 말하지 않고 완곡하게 표현할 때 사용됩니다.

좀/어느 정도는/그런대로 ~다	좀 괜찮네.
It's kind of + 형용사/명사 느낌이나 사실	**It's kind of*** nice. 형용사

| 좀/어느 정도는/
그런대로 ~다 | 재미있는
익숙한
내 실수
징그러운
같은 일 | → | It's kind of | fun.
familiar.
my fault.
gross.
the same thing. |

* What kind of movie do you like?(어떤 종류의 영화를 좋아하니?)에서 kind of는 '명사 + 전치사(~의 종류)'이지만, It's kind of ~ 패턴에서의 kind of는 '부사(좀, 어느 정도, 그런대로)'로 문장 안에서 전혀 다른 역할을 하고 있어요.

> 기본 원리 확장하기

이제 이 패턴을 활용하여 자주 쓰이는 상황별 문장들을 살펴봅시다.

느낌/감정

It's kind of a surprise.	좀 놀랍네.
It's kind of personal.	좀 개인적인 거야.
It was kind of moving.	좀 감동적이었어.
It was kind of awkward between us.	우리 사이가 좀 어색했어.

상황/사실

It's kind of noisy here.	여기 좀 시끄러워.
It's kind of a habit.	일종의 습관이야.
It was kind of cold yesterday.	어제 좀 추웠어.
It was kind of a challenge.	일종의 도전이었어.

> 일상회화로 한 번 더!

A What are you working on these days? You seem busy.
요즘 뭐해? 바빠 보이네.

B I'm planning something. **It's kind of personal.**
난 뭔가를 계획 중이야. 좀 개인적인 거야.

A Come on, give me a hint!
그러지 말고 힌트라도 줘!

B **It's kind of a surprise.** I promise I'll tell you when the time is right.
좀 놀랄 일이야. 때가 되면 꼭 말해줄게.

입이 열리는  트레이닝

✏️ 앞에서 배운 원리를 기억하며 우리말에 맞게 영어 문장을 써보세요.

1 좀 놀랍네.

___

2 오늘 좀 추워.

___

3 좀 이상해.

___

4 좀 헷갈려.

___

5 좀 개인적인 거야.

___

6 일종의 도전이었어.

___

7 좀 문제야.

___

8 어느 정도는 내 실수였어.

___

9 일종의 습관이야.

___

10 좀 익숙해.

___

 원어민의 음성을 듣고 따라 말해보세요.

1 It's kind of a surprise.

2 It's kind of cold today.

3 It's kind of weird.

4 It's kind of confusing.

5 It's kind of personal.

6 It was kind of a challenge.

7 It's kind of a problem.

8 It was kind of my fault.

9 It's kind of a habit.

10 It's kind of familiar.

New Words & Phrases

| weird 이상한 | confusing 헷갈리게 하는 | personal 개인적인 | challenge 도전 |
| problem 문제 | fault 실수 | habit 습관 | familiar 익숙한 |

Lesson 47

It's time to wake up.
일어날 시간이야.

Short 47

▶ 제이쌤의 **쇼츠 특강**

기본 원리 이해하기

It's time to ~ 패턴은 '~할 시간이다', '~해야 할 때다'라는 뜻으로, 상대방에게 어떤 행동을 하라고 지시하듯 직접적으로 이야기하지 않고, 행동을 하도록 유도 또는 촉구하는 데 사용됩니다.

~할 시간이다
It's time to + 동사원형
유도할 행동

일어날 시간이야.
It's time to* wake up.
동사원형

~할 시간이다

- 샤워하다
- 결정을 내리다
- 설거지하다
- 진실을 마주하다
- 책임을 지다

➡

It's time to

- take a shower.
- make a decision.
- do the dishes.
- face the truth.
- take responsibility.

제이쌤's Tips

* It's time to와 유사한 표현으로 It's time for가 있어요. 두 패턴이 의미는 거의 유사한데 It's time to 다음에는 동사원형, It's time for 다음에는 명사/동명사를 써야 해요.
ex) It's time to have dinner. / It's time for dinner. (저녁 먹을 시간이야.)

기본 원리 확장하기

이제 이 패턴을 활용하여 자주 쓰이는 상황별 문장들을 살펴봅시다.

일상생활

It's time to go for a walk.	산책하러 갈 시간이야.
It's time to get dressed.	옷 입을 시간이야.
It's time to pack your bags.	짐을 쌀 시간이야.
It was time to turn off the lights.	불을 끌 시간이었어.

자기계발/동기부여 조언

It's time to take a chance.	기회를 잡을 때야.
It's time to upgrade your skills.	너의 능력을 업그레이드할 시간이야.
It's time to organize your thoughts.	생각을 정리할 때야.
It was time to be more confident.	좀 더 자신감을 가질 때였어.

일상회화로 한 번 더!

A There's an opening for a team leader position, but I'm not sure I'm ready.
팀장 자리가 하나 비었는데, 내가 준비가 된 건지 잘 모르겠어.

B **It's time to be more confident.** I think you are good enough.
좀 더 자신감을 가질 때야. 넌 충분해.

A I guess I just don't want to fail.
난 단지 실패하고 싶지 않은 것 같아.

B **It's time to take a chance.**
이제는 기회를 잡아야 할 때야.

입이 열리는  트레이닝

 앞에서 배운 원리를 기억하며 우리말에 맞게 영어 문장을 써보세요.

1 설거지할 시간이야.

2 너의 능력을 업그레이드할 시간이야.

3 산책하러 갈 시간이었어.

4 강아지 밥 줄 시간이야.

5 책임을 질 시간이야.

6 빨래를 갤 시간이야.

7 습관을 바꿀 시간이야.

8 결정을 내릴 시간이야.

9 가방을 쌀 시간이야.

10 불을 꺼야 할 시간이었어.

Audio 47

🗨 원어민의 음성을 듣고 따라 말해보세요.

1 It's time to do the dishes.

2 It's time to upgrade your skills.

3 It was time to go for a walk.

4 It's time to feed the dog.

5 It's time to take responsibility.

6 It's time to fold the laundry.

7 It's time to change your habit.

8 It's time to make a decision.

9 It's time to pack your bags.

10 It was time to turn off the light.

New Words & Phrases

do the dishes 설거지하다
fold the laundry 빨래를 개다, 접다
take responsibility 책임을 지다
turn off the light 불을 끄다

Lesson 48

It's important to be on time.

시간을 잘 지키는 것이 중요해.

▶ 제이쌤의 **쇼츠 특강**

기본 원리 이해하기

It's important to ~ 패턴은 '~하는 것이 중요하다'라는 뜻으로, 어떤 행동이나 태도가 중요하다는 일반적인 원칙을 말하거나 상대방에게 조언할 때 사용됩니다.

~하는 것이 중요하다	시간을 잘 지키는 것이 중요해.
It's important to + <u>동사원형</u> 　　행동이나 태도	**It's important to** **be on time.*** 　동사원형

~하는 것이 중요하다

- 계속 집중하다
- 실수를 용서하다
- 다른 사람들을 존중하다
- 시간을 관리하다
- 규칙을 따르다

➡

It's important to

- stay focused.
- forgive mistakes.
- respect others.
- manage your time.
- follow the rules.

* It's important to ~ 패턴에서 it은 가주어예요. 가주어란 쉽게 말해서 '가짜 주어'이고, to 다음에 오는 말이 '진짜 주어'인 진주어예요. 이렇게 진짜 주어가 너무 길 땐 가짜 주어를 쓰곤 해요.

<u>To be on time</u> is important. → It is important <u>to be on time</u>.
　　진주어　　　　　　　　　　　가주어　　　　　진주어

기본 원리 확장하기

이제 이 패턴을 활용하여 자주 쓰이는 상황별 문장들을 살펴봅시다.

일반적인 원칙

It's important to limit screen time.	화면 보는 시간을 제한하는 것이 중요해.
It's important to speak clearly.	명확하게 말하는 것이 중요해.
It's important to exercise regularly.	규칙적으로 운동하는 것이 중요해.
It's important to prepare in advance.	미리 준비하는 것이 중요해.

자기계발/동기부여 조언

It's important to plan your day.	하루를 계획하는 것이 중요해.
It's important to set daily goals.	하루 목표를 정하는 것이 중요해.
It's important to stay positive.	긍정적인 태도를 유지하는 것이 중요해.
It's important to believe in yourself.	네 자신을 믿는 것이 중요해.

일상회화로 한 번 더!

A I skipped the gym yesterday.
어제 운동하러 안 갔어.

B That's not like you.
너답지 않은데.

A Yeah, I know. **It's important to exercise regularly.**
응, 알아. 규칙적으로 운동하는 것이 중요한데 말이야.

B **Yeah, and it's important to limit screen time at night.**
그리고 밤에 화면 보는 시간을 제한하는 것도 중요해.

입이 열리는 쓰,들,말 트레이닝

앞에서 배운 원리를 기억하며 우리말에 맞게 영어 문장을 써보세요.

1 긍정적인 태도를 유지하는 것이 중요해.

2 다른 사람들을 존중하는 것이 중요해.

3 인내심을 갖는 것이 중요해.

4 너의 꿈을 따르는 것이 중요해.

5 친구를 응원하는 것이 중요해.

6 자기 전에는 휴대전화를 멀리하는 것이 중요해.

7 하루 목표를 정하는 것이 중요해.

8 시간을 관리하는 것이 중요해.

9 네 자신을 믿는 것이 중요해.

10 실수를 용서하는 것이 중요해.

Audio 48

💬 원어민의 음성을 듣고 따라 말해보세요.

1 It's important to stay positive.

2 It's important to respect others.

3 It's important to be patient.

4 It's important to follow your dreams.

5 It's important to support your friends.

6 It's important to stay off your phone before bed.

7 It's important to set daily goals.

8 It's important to manage your time.

9 It's important to believe in yourself.

10 It's important to forgive mistakes.

New Words & Phrases

respect 존중하다	**patient** 인내심 있는	**stay off** ~을 멀리하다
set a goal 목표를 세우다	**manage** 관리하다	**believe in** ~을 믿다

Lesson 49

It's not that I'm lazy.

내가 게으른 건 아니야.

▶ 제이쌤의 쇼츠 특강

기본 원리 이해하기

It's not that ~ 패턴은 '~인 건 아니다', '꼭 ~한 건 아니다'라는 뜻으로, 변명이나 해명을 할 때 자주 사용됩니다. 대개 이 말을 하고 난 뒤에 진짜 이유를 말해줍니다.

~인 건 아니다	내가 게으른 건 아니야.
It's not that + 주어 + 동사 변명이나 해명	**It's not that*** **I'm lazy.** 주어 + 동사

~인 건 아니다

- 나는 신경 쓰지 않는다
- 나는 노력하지 않았다
- 나는 바빴다
- 나는 진실을 몰랐다
- 나는 관심 없었다

→

It's not that

- I don't care.
- I didn't try.
- I was busy.
- I didn't know the truth.
- I wasn't interested.

제이쌤's Tips

* It's not that과 유사한 표현들이 있는데 어조에 있어 강도 차이가 있어요.
  It's not that: ~인 건 아니야 (조심스러운 해명)
  I'm not saying that: 내가 ~라고 하는 게 아니야 (다소 방어적으로 해명)
  That doesn't mean that: 그렇다고 해서 ~인 건 아니야 (단호하게 반박)

기본 원리 확장하기

이제 이 패턴을 활용하여 자주 쓰이는 상황별 문장들을 살펴봅시다.

진의를 표명할 때

It's not that I don't trust you.	내가 너를 믿지 않는다는 건 아니야.
It's not that I don't appreciate it.	내가 고마워하지 않는 건 아니야.
It's not that I won't say sorry.	내가 사과를 안 하겠다는 건 아니야.
It's not that I was ignoring you.	내가 너를 무시하는 건 아니야.

행동에 대해 해명할 때

It's not that I forgot the incident.	내가 그 사건을 잊은 건 아니야.
It's not that I'm tired of you.	내가 너를 지겨워하는 건 아니야.
It's not that I didn't hear you.	내가 네 말을 못 들은 건 아니야.
It's not that I didn't want to help.	내가 도와주고 싶지 않았던 건 아니야.

일상회화로 한 번 더!

A Why don't you take my advice? Don't you trust me?
왜 내 충고를 듣지 않는 거니? 나를 못 믿는 거야?

B **It's not that I don't trust you.** I just need some time to think.
내가 너를 못 믿는다는 건 아니야. 그냥 좀 생각할 시간이 필요해.

A I understand. I'm just trying to help.
알겠어. 그냥 도와주고 싶을 뿐이야.

B I know. **It's not that I'm ignoring you or something.**
알아. 내가 너를 무시하거나 그런 건 아니야.

입이 열리는  트레이닝

 앞에서 배운 원리를 기억하며 우리말에 맞게 영어 문장을 써보세요.

1 내가 그 사건을 잊은 건 아니야.

2 내가 너를 지겨워했던 건 아니야.

3 내가 사과를 안 하겠다는 건 아니야.

4 내가 너를 피하고 있는 건 아니야.

5 내가 너를 믿지 않았다는 건 아니야.

6 내가 파티를 즐기지 않았다는 건 아니야.

7 내가 고마워하지 않는 건 아니야.

8 내가 너를 무시하는 건 아니야.

9 내가 초대받지 않은 건 아니야.

10 내가 아무 감정도 없는 건 아니야.

💬 원어민의 음성을 듣고 따라 말해보세요.

1. It's not that I forgot the incident.
2. It's not that I was tired of you.
3. It's not that I won't say sorry.
4. It's not that I'm avoiding you.
5. It's not that I didn't trust you.
6. It's not that I didn't enjoy the party.
7. It's not that I don't appreciate it.
8. It's not that I'm ignoring you.
9. It's not that I wasn't invited.
10. It's not that I feel nothing.

New Words & Phrases

incident 사건, 일
ignore 무시하다
be tired of ~을 지겨워하다
invite 초대하다
appreciate 고마워하다
nothing 아무것도 없는 상태

Lesson 50

That's why everyone likes her.

그래서 모두가 그녀를 좋아하는 거야.

▶ 제이쌤의 쇼츠 특강

기본 원리 이해하기

That's why ~ 패턴은 '그래서 ~인 것이다', '그게 바로 ~한 이유다'라는 뜻으로, 어떤 일의 결과/결론을 말할 때 사용됩니다. 보통은 '[원인/이유] + That's why + [결과]'와 같이 That's why 패턴이 포함된 문장을 말하기 전에 원인/이유에 해당하는 내용을 먼저 말해줍니다.

그래서 ~인 것이다
That's why + 주어 + 동사
　　　　　　　　결과

그래서 모두가 그녀를 좋아하는 거야.
That's why* everyone likes her.
　　　　　　주어 + 동사

그래서 ~인 것이다 → That's why

그래서 ~인 것이다	That's why
Chris는 속상했다	Chris was upset.
그는 울었다	he cried.
나는 너에게 경고하고 있다	I'm warning you.
그녀는 매일 연습했다	she practiced every day.
경기가 취소되었다	the game was canceled.

* 많은 한국인들이 because와 that's why를 자주 혼동하는데, because 다음에는 '원인', That's why 다음에는 '결과'에 해당하는 내용이 나온다는 것만 기억하세요.
ex) I didn't go out because it was raining. (비가 내리고 있어서 외출하지 않았다.)
　　　결과　　　　　　　　원인

> 기본 원리 확장하기

이제 이 패턴을 활용하여 자주 쓰이는 상황별 문장들을 살펴봅시다.

감정/행동

That's why I feel lonely.	그래서 내가 외로운 거야.
That's why I was so quiet.	그래서 내가 그렇게 조용히 있었던 거야.
That's why I said no.	그래서 내가 거절했던 거야.
That's why I quit my job.	그래서 내가 직장을 그만뒀던 거야.

교훈/조언

That's why you should double-check.	그래서 다시 확인해야 하는 거야.
That's why honesty matters.	그래서 정직이 중요한 거야.
That's why you need to be careful.	그래서 조심할 필요가 있는 거야.
That's why trust is so important.	그래서 신뢰가 정말 중요한 거야.

> 일상회화로 한 번 더!

A Why did you suddenly quit your job?
왜 갑자기 직장을 그만뒀어?

B I was stressed for a long time. **That's why I quit my job.**
오랫동안 스트레스를 많이 받았어. 그래서 회사를 그만둔 거야.

A Why didn't you just tell me sooner?
왜 좀 더 일찍 말하지 않았어?

B I didn't want to worry you. **That's why I didn't tell you.**
널 걱정시키고 싶지 않았어. 그래서 네게 말하지 않았던 거야.

입이 열리는  트레이닝

 앞에서 배운 원리를 기억하며 우리말에 맞게 영어 문장을 써보세요.

1 그래서 우리가 시간이 더 필요한 거야.
   _____

2 그래서 그가 직장을 그만둔 거야.
   _____

3 그래서 내가 한숨을 쉰 거야.
   _____

4 그래서 내가 울음을 멈출 수 없었던 거야.
   _____

5 그래서 정직이 중요한 거야.
   _____

6 그래서 경기가 취소된 거야.
   _____

7 그래서 내가 외로운 거야.
   _____

8 그래서 내가 너에게 경고하고 있는 거야.
   _____

9 그래서 내가 기분이 좋은 거야.
   _____

10 그래서 네가 속상한 거야.
   _____

Audio 50

💬 원어민의 음성을 듣고 따라 말해보세요.

1 That's why we need more time.

2 That's why he quit his job.

3 That's why I sighed.

4 That's why I couldn't stop crying.

5 That's why honesty matters.

6 That's why the game was canceled.

7 That's why I feel lonely.

8 That's why I'm warning you.

9 That's why I'm in a good mood.

10 That's why you are upset.

New Words & Phrases

sigh 한숨을 쉬다	stop 중단하다	honesty 정직	matter 중요하다
warn 경고하다	be in a good mood 기분이 좋다		upset 속상한

Lessons 46-50

Speaking Review

지금까지 5개의 Lesson을 통해 배운 문장들을 다음 순서로 복습해봅시다.

❶ 빈칸에 영어 문장을 쓰세요.
❷ 왼쪽 QR 코드에 연결된 원어민의 발음을 듣고 따라 말하세요.
❸ 오른쪽 QR 코드에 연결된 우리말 음성을 듣고 영어로 말하세요.

		❶	❷	❸

1 일종의 도전이었어.

2 친구를 응원하는 것이 중요해.

3 내가 고마워하지 않는 건 아니야.

4 좀 익숙해.

5 내가 너를 지겨워했던 건 아니야.

6 시간을 관리하는 것이 중요해.

7 좀 헷갈려.

8 내가 아무 감정도 없는 건 아니야.

9 강아지 밥 줄 시간이야.

Audio 50-1 Audio 50-2

10 불을 꺼야 할 시간이었어. ☐ ☐ ☐

11 하루 목표를 정하는 것이 중요해. ☐ ☐ ☐

12 좀 문제야. ☐ ☐ ☐

13 실수를 용서하는 것이 중요해. ☐ ☐ ☐

14 책임을 질 시간이야. ☐ ☐ ☐

15 그래서 네가 속상한 거야. ☐ ☐ ☐

16 내가 너를 무시하는 건 아니야. ☐ ☐ ☐

17 결정을 내릴 시간이야. ☐ ☐ ☐

18 그래서 우리가 시간이 더 필요한 거야. ☐ ☐ ☐

19 그래서 정직이 중요한 거야. ☐ ☐ ☐

20 그래서 경기가 취소된 거야. ☐ ☐ ☐

정답 p.250

Speaking Reviews | ANSWERS

각 Speaking Review 문제의 정답을 확인하는 데서 그치지 말고
이 책의 핵심인 200문장을 종합적으로 확인하고 내 것으로 만들어봅시다!

Lessons 01~05 | pp.38~39

1. They smile brightly.
2. They will be singers.
3. These computers are expensive.
4. We are walking together.
5. They played soccer last weekend.
6. The man is watching a science fiction movie.
7. I ate bread this morning.
8. He is coming here right now.
9. They will sweep the floor this Saturday.
10. They clean the room every day.
11. The flowers were red and yellow.
12. They are taking the subway.
13. She goes there.
14. The chocolate is sweet.
15. The weather grew cold.
16. I drink a lot of water.
17. The street remains empty.
18. The man will call her tomorrow morning.
19. My sister seems smart.
20. The history book will remain popular.

Lessons 06~10 | pp.60~61

1. The singer was going to release an album last winter.
2. We were going to plant trees last weekend.
3. Amy will send her mom some flowers.
4. My friend let me borrow her book.
5. The teacher taught grammar to the class.
6. He had me fix his computer.
7. They made him a leader.
8. The man will show the book to us.
9. There will be a call tonight.
10. The boy watched the rain falling.
11. My manager allowed me to work from home.
12. They are going to meet today.
13. She read her children a story.
14. The doctor will advise me to get enough rest.
15. The professor will have us write a report.
16. She wanted me to come with her.
17. She was going to make a cake yesterday.
18. There is some milk in the refrigerator.
19. There was some rice on the plate.
20. The library is there.

Lessons 11~15 | pp.84~85

1. The guests didn't clean the kitchen.
2. Are your hands clean now?
3. Doesn't she go to the gym every morning?
4. They aren't my daughters.
5. They don't travel in winter.
6. Did you see the sign yesterday?
7. Peter wasn't my colleague.
8. The boss didn't make Jenny comfortable.
9. Doesn't Jason call her every day?
10. Peanut butter can cause allergies.
11. Weren't the kids noisy yesterday?
12. I don't eat snacks at night.
13. Does this bus go downtown?
14. He wasn't successful.
15. Aren't we teammates this season?
16. He wasn't a good leader.
17. Isn't the dessert delicious?
18. Will Olivia travel by herself?
19. He will cook Italian food.
20. The article can't be true.

Lessons 16~20 | pp.106~107

1. How expensive is this machine?
2. Who do you meet on weekdays?
3. When is your wedding anniversary?
4. What kind of soda did he drink?
5. How was the interview?
6. Who lives in that house?
7. When were they in Japan?
8. What does he usually order?
9. How did she get to the airport?
10. Where do they buy their groceries?
11. Who did you admire?
12. Why was he late again?
13. When was your last vacation?
14. Why don't you share your ideas?
15. Why did the door close suddenly?
16. Who updated the schedule?
17. Why did Timothy apologize to her?
18. What language does she speak?
19. How often does she exercise on weekdays?
20. What made the girl cry?

Speaking Reviews | ANSWERS

Lessons 21~25 | pp.130~131

1. I don't enjoy having dessert after meals.
2. I threw the trash into the bin.
3. The package arrived from Canada.
4. Many people go hiking in May.
5. I made this cake with chocolate and vanilla.
6. Someone is standing at the door.
7. He studied chemistry for three years.
8. The children go to bed at 9.
9. You can't drive without a license.
10. The kids are playing in the yard.
11. He felt much better after taking medicine.
12. My laptop is on the bed.
13. Our flight is on Christmas Day.
14. Chris got a job before graduation.
15. I pushed the chair into the room.
16. I feel sleepy in the afternoon.
17. He walked to the park this morning.
18. The man with the beard is my uncle.
19. He spilled apple juice on the floor.
20. The boy walked home without an umbrella.

Lessons 26~30 | pp.152~153

1. That is the guy who(m)(that) I saw at the gym.
2. Jane wore the dress which(that) her mom gave her.
3. She saw the dog which(that) was snoring.
4. They traveled to Paris and had a great time.
5. I was reading a book when she called me.
6. She is here to answer your questions.
7. This is the machine which(that) makes coffee.
8. You will feel sick if you eat too much.
9. The man bought a tent to go camping.
10. If the weather is nice, we can go out.
11. The children can stay here or go home.
12. The boy fixed the bike which(that) was broken.
13. They watched the team practice to win the game.
14. She didn't eat her pasta because it was too spicy.
15. Mike is the waiter who(that) helped us.
16. We missed the bus, so we walked.
17. She made a list to remember everything.
18. Tom is my colleague who(m)(that) I trust.
19. He loves animals, but he is allergic to cats.
20. They are the guests who(m)(that) I invited.

Lessons 31~35 | pp.176~177

1. I was glad to see everyone safe.
2. I was on a trip to France.
3. I'll be glad to hear your voice.
4. I was in a hurry this morning.
5. I was getting tired before work.
6. I'm on vacation with my family.
7. I'll be on a business trip next month.
8. I'm getting excited about the concert.
9. I'm in love with her.
10. I'm getting annoyed by the noise.
11. I'm into gardening these days.
12. I'll be in a lesson tomorrow.
13. I'm into working out at the gym.
14. I'm on my way to the department store.
15. I'm into making homemade pasta.
16. I was in a good mood last night.
17. I was glad to have this opportunity.
18. I'm into solving puzzles.
19. I'm getting anxious about the test.
20. I'm glad to check in early.

Lessons 36~40 | pp.198~199

1. I'm trying to control my anger.
2. I'm here to pay the bill.
3. I'm trying to avoid junk food.
4. I'm about to clean my room.
5. I'm trying to focus on the present.
6. I was used to hiding my emotions.
7. I'm worried about being late for work.
8. I'm used to commuting for an hour.
9. I'm used to the cold weather.
10. I was here to introduce the speaker.
11. I'm worried about the audition tomorrow.
12. I was about to change my mind.
13. I was worried about not getting a job.
14. I was used to being around people.
15. I'm about to explode with anger.
16. I'm here to pick up my order.
17. I'm about to dry my hair.
18. I'm worried about getting sick during the trip.
19. I'm here to see the doctor.
20. I was trying to lose weight.

Speaking Reviews | ANSWERS

Lessons 41~45   pp.222~223

1. Don't be too hard on yourself.
2. Don't forget to bring your umbrella.
3. Don't forget to charge your phone.
4. Don't even dream of it.
5. Don't forget to take out the trash.
6. Don't let fear control you.
7. Don't be rude to others.
8. Don't make me lose my temper.
9. Don't even mention his name.
10. Don't make me raise my voice.
11. Don't let them fool you.
12. Don't be dependent on me.
13. Don't even say a word.
14. Don't make me feel guilty.
15. Don't be afraid to try.
16. Don't let this chance slip away.
17. Don't even look at me.
18. Don't make me clean up your mess.
19. Don't forget to tell her the news.
20. Don't let your past define you.

Lessons 46~50   pp.244~245

1. It was kind of a challenge.
2. It's important to support your friends.
3. It's not that I don't appreciate it.
4. It's kind of familiar.
5. It's not that I was tired of you.
6. It's important to manage your time.
7. It's kind of confusing.
8. It's not that I feel nothing.
9. It's time to feed the dog.
10. It was time to turn off the light.
11. It's important to set daily goals.
12. It's kind of a problem.
13. It's important to forgive mistakes.
14. It's time to take responsibility.
15. That's why you are upset.
16. It's not that I'm ignoring you.
17. It's time to make a decision.
18. That's why we need more time.
19. That's why honesty matters.
20. That's why the game was canceled.

Appendix | 왕초보를 위한 참고 자료

명사 / be동사 / 일반동사의 형태 변화

셀 수 있는 명사의 복수형 변화

① 규칙 변화

대부분의 명사	명사 + -s	books cups hours trees
-s, -x, -ch, -sh로 끝나는 명사	명사 + -es	buses boxes benches dishes
「자음 + o」로 끝나는 명사	명사 + -es	potatoes tomatoes heroes (예외: photos, pianos, memos)
「자음 + y」로 끝나는 명사	y를 i로 바꾸고 + -es	story → stories baby → babies
-f, -fe로 끝나는 명사	f, fe를 v로 바꾸고 + -es	leaf → leaves knife → knives (예외: roof → roofs)

② 불규칙 변화

불규칙하게 변하는 명사	child → children	man → men	woman → women
단·복수 형태가 같은 명사	sheep → sheep	fish → fish	deer → deer

be동사의 현재형 변화

be동사는 앞에 주어로 나오는 사람이나 사물이 몇 명[개]이냐, 인칭이 무엇이냐에 따라 형태가 달라집니다. 또한 일상회화에서는 '주어 + be동사'를 줄여서 말하기도 합니다.

주어			현재형	줄임말
1인칭	단수	I	am	I'm
	복수	We	are	We're
2인칭	단·복수	You	are	You're
3인칭	단수	He, She, It, 단수명사(John, book, cat 등)	is	He's, She's, It's
	복수	They, 복수명사(students, books, cats 등)	are	They're

왕초보를 위한 참고 자료 **251**

be동사의 과거형 변화

be동사의 과거형은 주어가 단수냐 복수냐에 따라 두 가지로만 나뉩니다. 과거형은 줄임말을 쓰지 않습니다.

		주어	과거형
1인칭	단수	I	was
	복수	We	were
2인칭	단·복수	You	were
3인칭	단수	He, She, It, 단수명사(John, book, cat 등)	was
	복수	They, 복수명사(students, books, cats 등)	were

일반동사의 현재형 변화

일반동사도 주어의 수와 인칭에 따라 형태가 달라집니다. 주어가 3인칭 단수(He, She, It, 단수명사)일 때는 동사원형에 -s나 -es를 붙입니다.

대부분의 동사	동사 + -s	likes looks sees gets helps lives reads feels
-o, -s, -x, -ch, -sh로 끝나는 동사	동사 + -es	does passes fixes teaches watches washes
「자음 + -y」로 끝나는 명사	y를 i로 바꾸고 + -es	study → studies cry → cries
「모음 + -y」로 끝나는 동사	동사 + -s	buys plays says enjoys
불규칙 변화	have → has	

일반동사의 진행형 변화

대부분의 동사	동사원형 + -ing	talking doing flying going watching playing
-e로 끝나는 동사	-e를 빼고 + -ing	coming dancing living
-ie로 끝나는 동사	-ie를 y로 바꾸고 + -ing	lie → lying die → dying
「모음 1개 + 자음 1개」로 끝나는 동사	마지막 자음을 한 번 더 쓰고 + -ing	run → running stop → stopping cut → cutting put → putting

일반동사의 과거형 변화

일반동사의 과거형은 주어의 수와 인칭에 관계없이 정해진 형태의 과거형을 사용합니다. 대부분의 일반동사는 동사원형에 -(e)d를 붙여서 과거형을 만들지만 불규칙한 형태로 변화하는 동사도 있습니다.

① 규칙 변화

대부분의 동사	동사 + -ed	look**ed** ask**ed** start**ed** help**ed** clean**ed** learn**ed**
-e로 끝나는 동사	동사 + -d	lik**ed** lov**ed** danc**ed**
「자음 + -y」로 끝나는 동사	y를 i로 바꾸고 + -ed	study → stud**ied** cry → cr**ied**
「모음 + -y」로 끝나는 동사	동사 + -ed	pla**yed** dela**yed** sta**yed**
「모음 1개 + 자음 1개」로 끝나는 동사	마지막 자음을 한 번 더 쓰고 + -ed	sto**pped** dro**pped** pla**nned** cha**tted**

② 불규칙 변화

원형과 형태가 같은 동사	cut → **cut** let → **let**	put → **put** hurt → **hurt**	hit → **hit** read[ri:d] → **read**[red]
단어 끝이 바뀌는 동사	have → **had** make → **made**	send → **sent** lose → **lost**	build → **built** mean → **meant**[ment]
모음이 바뀌고 단어 끝이 d, t로 바뀌는 동사	do → **did** leave → **left**	say → **said** keep → **kept**	tell → **told** buy → **bought**
모음이 바뀌는 동사	eat → **ate** see → **saw**	find → **found** get → **got**	ride → **rode** break → **broke**
기타 동사	go → **went**		

Special Course

참 쉬운 여행영어

Situations

01 공항
02 기내
03 호텔
04 대중교통
05 렌터카
06 관광
07 식당
08 쇼핑
09 기타 상황

Situation 01
공항

해외 여행을 떠날 때 가장 먼저 거쳐야 할 곳은 공항입니다. 체크인, 입국심사, 환승/세관/수하물 찾기의 3가지 상황에서 꼭 필요한 15문장을 익히고 떠나봅시다.

Audio 51

체크인

- LA행 비행기 체크인 할게요.
- 제 여권과 티켓입니다.
- 창가(복도) 쪽 자리로 주시겠어요?
- 이 가방을 부치고 싶어요.
- 가방을 몇 개까지 부칠 수 있나요?

I'd like to **check in for my flight to LA**, please.
Here's my **passport and ticket**.
Can I have **a window[an aisle] seat**, please?
I'd like to **check this bag**.
How many bags can I check?

입국심사

- 관광 차 왔어요.
- 친척을 만나러 왔어요.
- 출장 차 왔어요.
- 7일간 머물 거예요.
- 플라자 호텔에서 지낼 거예요.

I'm **sightseeing**.
I'm **visiting my relatives**.
I'm here **on business**.
I'm staying for **seven days**.
I'm staying at **the Plaza Hotel**.

환승 / 세관 / 수하물 찾기

- 뉴욕행 비행기로 갈아탈 거예요.
- 어느 게이트로 가야 하나요?
- 이것을 신고해야 하나요?
- 제 가방이 파손됐네요.
- 제 가방들이 없어졌어요.

I have a **connecting flight to New York**.
Which gate should I go to?
Do I need to **declare this**?
My bag is **damaged**.
My bags are **missing**.

Situation 02
기내

비행기 안에서는 영어로 질문해야 할 상황들이 빈번하게 발생합니다. 좌석 이용, 식음료 서비스, 요청/문의 3가지 상황에서 꼭 필요한 15문장을 익히고 떠나봅시다.

Audio 52

좌석 이용

• 제 자리는 어디인가요?	Excuse me, where is **my seat**?
• 가방 올리는 거 도와주시겠어요?	Can you **help** me **with my bag**?
• 실례지만, 좀 지나가도 될까요?	Excuse me, may I **get through**?
• 제 자리에 누가 앉아 있어요.	Someone is sitting **in my seat**.
• 제가 좌석을 좀 젖혀도 될까요?	Do you mind if I **recline my seat**?

식음료 서비스

• 커피(차) 좀 주세요.	**I'd like some coffee[tea]**, please.
• 어떤 음료가 있나요?	**What drinks** do you have?
• 식사는 언제 나오나요?	When will **the meal be served**?
• 어떤 메뉴가 있나요?	What are **the meal options**?
• 이거 치워주시겠어요?	Could you **take this away**, please?

요청 / 문의

• 담요 하나 주실 수 있나요?	Can I **get a blanket**, please?
• 베개 하나 더 주시겠어요?	Could I **get another pillow**?
• 헤드폰이 작동이 안 돼요.	My headphones **aren't working**.
• 기내에 와이파이가 있나요?	Is there **Wi-Fi on this flight**?
• 지금 화장실 써도 되나요?	Can I **use the restroom now**?

Situation 03 호텔

대면 혹은 객실 전화로 가장 많이 영어를 사용하게 되는 곳이 호텔입니다. 체크인, 객실 서비스 이용, 시설 이용의 3가지 상황에서 꼭 필요한 15문장만 익히고 떠나봅시다.

Audio 53

체크인

- 체크인하고 싶어요. — I'd like to **check in**.
- 고층 객실로 주세요. — I'd like a **room on a higher floor**.
- 체크인 일찍 할 수 있나요? — Can I **check in early**, please?
- 객실 키를 하나 더 받을 수 있을까요? — Can I get **another key**, please?
- 조식은 언제 이용 가능한가요? — What time is **breakfast**?

객실 서비스 이용

- 수건 더 주세요. — I'd like **more bath towels**.
- 따뜻한 물이 안 나와요. — There is **no hot water**.
- 휴대폰 충전기 있어요? — Is there a **phone charger** (I can use)?
- 와이파이에 어떻게 연결해요? — How do I **connect to Wi-Fi**?
- 객실 온도를 어떻게 낮춰요? — How do I **lower** my room **temperature**?

시설 이용

- 지금 수영장 열려 있나요? — Is the **swimming pool open now**?
- 헬스장은 예약이 필요한가요? — Do I need a **reservation for the gym**?
- 어린이 놀이방이 있나요? — Do you have a **kids' playroom**?
- 공항 셔틀 있나요? — Is there an **airport shuttle**?
- 제 가방을 여기 맡겨도 돼요? — Can I **leave my bag** here?

Situation 04
대중교통

자유여행을 하는 사람들은 대중교통을 이용하는 경우가 많습니다. 버스/지하철, 택시, 승차권/교통카드 이용의 3가지 상황에서 꼭 필요한 15문장만 익히고 떠나봅시다.

Audio 54

버스 / 지하철

- 가까운 버스 정류장은 어디인가요? **Where** is the **nearest bus stop**?
- 이 버스는 시내로 가나요? Does this bus **go downtown**?
- 요금은 얼마인가요? How much is the **fare**?
- 이 지하철은 Prince 역에 가나요? Does this train **go to Prince Station**?
- Canal 역 앞에 몇 정거장인가요? **How many stops** before Canal Station?

택시

- 박물관까지 가주세요. Please take me **to the museum**.
- 요금은 대략 얼마나 나올까요? **How much** will it cost?
- 공항까지 얼마나 걸리나요? **How long** is the ride **to the airport**?
- 여기서 내려주세요. I'll **get off** here.
- 카드(현금)으로 결제할 수 있나요? Can I **pay with a card[cash]**?

승차권 / 교통카드 이용

- 타임스퀘어 역 가는 표 한 장 주세요. **One ticket to** Time Square, please.
- 이 표 시간 바꿀 수 있나요? Can I **change the time** on this ticket?
- 일일권/주간권 있나요? Do you have a **day/weekly pass**?
- 이 카드로 버스 이용할 수 있나요? Can I **use this card** on the bus?
- 카드 충전은 어디에서 하나요? Where can I **reload the card**?

Situation 05
렌터카

현지에서 차를 빌려 직접 운전하는 여행자들이 점점 늘어나고 있습니다. 렌터카 서비스, 주차, 주유의 3가지 상황에서 꼭 필요한 15문장만 익히고 떠나봅시다.

Audio 55

렌터카 서비스

- 차를 빌리고 싶어요.
- 내비게이션/보험이 포함되어 있나요?
- 하루에 얼마인가요?
- 오늘부터 3일 동안 빌릴 거예요.
- 차량을 다른 지점에 반납해도 되나요?

I'd like to **rent a car**.
Is **GPS/insurance included**?
How much is it **per day**?
I'll **rent it for three days** starting today.
Can I **return the car** to a **different location**?

주차

- 여기 주차할 곳이 있나요?
- 주차 요금은 얼마인가요?
- 여기 유료 주차인가요?
- 주차권을 어디에 꽂아야 하나요?
- 여기 얼마나 주차할 수 있나요?

Is there **parking here**?
How much is **parking**?
Do I have to **pay for parking here**?
Where do I **insert my ticket**?
How long can I **park here**?

주유

- 가득 넣어주세요.
- 30달러어치 넣어주세요.
- 휘발유/디젤 주세요.
- 주유기 어떻게 사용해요?
- 주유기가 작동하지 않아요.

Fill it up, please.
30 dollars' worth, please.
Gasoline/Diesel, please.
How do I **use the pump**?
The **pump** is **not working**.

Situation 06
관광

지도 앱 등을 사용하더라도 현지인에게 직접 길을 물어봐야 할 때가 있습니다. 길 찾기, 입장권 구매, 관광/관람의 3가지 상황에서 꼭 필요한 15문장만 익히고 떠나봅시다.

Audio 56

길 찾기

• 루브르 박물관 어떻게 가나요?	**How** do I **get to** the Louvre Museum?
• 에펠탑이 근처에 있나요?	Is the Eiffel Tower **nearby**?
• 여기서 동물원까지 걸어갈 수 있나요?	Can I **walk to** the zoo **from here**?
• 이쪽으로 가면 되나요?	Is this the **right way**?
• 오른쪽/왼쪽으로 가야 하나요?	Should I **turn right/left**?

입장권 구매

• 성인 2장, 아이 1장 주세요.	Two **adults and** one **child**, please.
• 운영 시간은 어떻게 되나요?	What are the **opening hours**?
• 지도나 안내 책자가 있나요?	Do you have **a map or guidebook**?
• 이 브로셔 가져도 되나요?	Can I **keep this brochure**?
• 한국어 오디오 가이드 있나요?	Do you have **audio guides in Korean**?

관광 / 관람

• 여긴 뭐가 유명해요?	What's **popular** here?
• 줄을 서야 하나요?	Do I need to **wait in line**?
• 이 안에서 사진 찍어도 되나요?	Can I **take pictures in here**?
• 저희 사진 좀 찍어주시겠어요?	Can you **take a picture** for **us**?
• 기념품 가게가 있나요?	Do you have a **gift shop**?

Situation 07
식당

'미식투어'라는 말이 생길 만큼 해외 여행지에서 맛집을 찾아다니는 여행자들이 많습니다. 식당 입장, 메뉴/주문, 결제의 3가지 상황에서 꼭 필요한 15문장만 익히고 떠나봅시다.

Audio 57

식당 입장

• 두 명 자리 주세요.	**(We'd like) a table for two**, please.
• Jay 이름으로 예약했어요.	I have a **reservation under the name Jay**.
• 창가 자리 있나요?	Do you have a table **by the window**?
• 대기 시간은 얼마나 되나요?	**How long** is the **wait**?
• 유아 의자가 있나요?	Do you have **high chairs for kids**?

메뉴 / 주문

• 메뉴판 좀 주시겠어요?	Can I **see the menu**, please?
• 추천 메뉴 있나요?	Do you **have any recommendations**?
• 스테이크는 미디엄 레어로 주세요.	I'll **have the steak, medium rare**.
• 이거 양파 빼고 주실 수 있나요?	Can I get this **without onions**?
• 같은 걸로 주세요.	**Same** for me, please.

결제

• 계산서 주세요.	Can I **have the check**, please?
• 각자 낼 수 있나요?	Can I **split** the bill?
• 팁이 포함되어 있나요?	Is the **tip included**?
• 팁을 카드로 결제할 수 있나요?	Can I **leave a tip on the card**?
• 계산서가 틀린 것 같아요.	**Something** looks **wrong** on the bill.

Situation 08 쇼핑

현지 상점, 시장, 백화점, 면세점 등에서의 쇼핑은 빼놓을 수 없는 일정입니다. 상품 문의, 상품 체험, 결제/교환/환불의 3가지 상황에서 꼭 필요한 15문장만 익히고 떠나봅시다.

Audio 58

상품 문의

• 이거 얼마인가요?	**How much** is this?
• 이거 다른 스타일/색 있나요?	Do you have this in a **different style/color**?
• 이거 재고 있나요?	Is this **in stock**?
• 이거 신상품인가요?	Is this **new**?
• 이거 세탁기에 돌려도 되나요?	Is this **machine washable**?

상품 체험

• 이거 입어봐도 될까요?	Can I **try this on**?
• 탈의실이 어디예요?	Where is the **fitting room**?
• 이거 좀 너무 꽉 껴요/헐렁해요.	It's a bit **too tight/loose**.
• 이거 시식/시험해봐도 돼요?	Can I **taste/test** this?
• 샘플 있나요?	Do you have a **tester**?

결제 / 교환 / 환불

• 이거 살게요.	I'll **take this**.
• 이거 할인 중인가요?	Is this **on sale**?
• 세금 환급해주나요?	Do you offer **tax refunds**?
• 환불 가능한가요?	Can I **get a refund**?
• 다른 사이즈로 교환할 수 있나요?	Can I **exchange** this for a **different size**?

Situation 09
기타 상황

앞서 살펴본 상황들 외에 현지 통화로 환전하거나 현금을 인출해야 할 수도 있고 도난을 당할 수도 있습니다. 환전, ATM 이용, 도난/분실의 3가지 상황에서 꼭 필요한 15문장만 익히고 떠나봅시다.

Audio 59

환전

• 어디서 환전할 수 있나요?	Where can I **exchange money**?
• 원화를 달러로 바꾸고 싶어요.	I'd like to **exchange Korean won for dollars**.
• 환율이 얼마인가요?	What's the **exchange rate**?
• 카드로도 환전 가능한가요?	Can I use a **card** to **exchange money**?
• 소액권으로 주세요.	Could I get **small bills**, please?

ATM 이용

• 가장 가까운 ATM이 어디예요?	Where's the **nearest ATM**?
• 현금을 인출하고 싶어요.	I'd like to **withdraw some cash**.
• 인출수수료가 얼마인가요?	How much is the **withdrawal fee**?
• ATM이 작동하지 않아요.	The ATM **isn't working**.
• 내 카드가 기계 안에 끼었어요.	My card **got stuck in the machine**.

도난 / 분실

• 지갑/여권을 잃어버렸어요.	I **lost my wallet/passport**.
• 가방을 도난당했어요.	My bag **was stolen**.
• 도난/분실물 신고를 하고 싶어요.	I'd like to **report a theft/lost item**.
• 근처에 분실물 센터가 있나요?	Is there a **lost and found nearby**?
• 경찰을 부를 수 있게 도와주시겠어요?	Can you help me **call the police**?